"Porqu

dirigirmos nossos

pensamentos, cairemos

sob a influência

daqueles que nos

condicionariam para nos

comportarmos como

desejam."

Anthony Robbins

Prefácio

Todas as respostas para o que você procura estão em sua mente. Nos perguntamos por que não temos tudo aquilo que desejamos, mas nos esquecemos do quanto já conquistamos.

Sabemos que a jornada de aprendizado nem sempre é fácil, enfrentamos obstáculos, superamos desafios e, às vezes, caímos. Alegrias e tristezas se entrelaçam pelo caminho. E nem sempre conseguimos visualizar o quanto estamos evoluindo durante o processo.

É verdade que as circunstâncias nem sempre ajudam, é verdade que as pessoas nem sempre são sinceras, é verdade que o mundo, às vezes, não liga para você. Mas também é verdade que você tem muito mais força do que imagina e também é verdade que você foi abençoado com o mais glorioso de todos os dons: o dom de criar.

A sua mente esconde o poder divino da criação. Sua imaginação ultrapassa todos os limites da realidade e seu coração manifesta essa vontade.

Por isso eu digo que é nossa luz, não nossa escuridão, que mais nos assusta. Perguntamo-nos quem sou eu para ser lindo, incrível, inteligente e fabuloso? Na verdade, quem é você para não ser? Não existe bondade em se diminuir, encolher ou se limitar para que as outras pessoas não se sintam inseguras perto de você.

Todos nós nascemos para brilhar, como as crianças brilham. E isso não acontece somente em alguns, acontece em todos.

Quando permitimos que nossa luz brilhe e que nossa grandeza se revele, nós, inconscientemente, damos permissão aos outros para fazerem o mesmo. Quando nós nos libertamos de nosso próprio medo, nossa pura presença automaticamente liberta também os outros.

Sejamos como uma vela, cuja luz é capaz não só de iluminar a escuridão que nos rodeia, mas também iluminar a chama de todos aqueles que estão presentes em nossa jornada. Por um mundo mais consciente, **abra sua mente.**

Marcelo Maia

Autor, Professor de Neurolinguística e eterno apaixonado pelo poder da mente humana.

CEO da Marcelo Maia cursos.

Índice:

O ICEBERG DA SUA MENTE

Iremos embarcar em um mundo que poucos conhecem, o inconsciente, esse mundo fantástico que nem mesmo os maiores estudiosos, filósofos ou médicos atuais desvendaram plenamente.

Seja muito bem-vindo nesta jornada de autoconhecimento, e muito prazer, sou sua mente.

Imagine um computador, você sabe como ele funciona? Nele é preciso que haja o hardware e o software. O hardware é conhecido por ser alguma peça física, construída, real, podemos mencionar, por exemplo, o processador, a memória, a fonte de energia.

E o software? Bem, alguém teve que inventá-lo, construí-lo, escrevê-lo, correto? Seria o sistema operacional do hardware. Daí entra a programação e as pessoas que desenvolveram e escreveram o sistema operacional, sendo ele o programador. Enfim, cada linguagem tem seu padrão de construção e seu método de leitura pelo equipamento, falaremos adiante da **linguagem do cérebro.**

Nosso corpo é como um computador, as partes físicas são o hardware, e nossa mente é o software, que pode ser programada de acordo com as influências externas que recebemos.

O fato é que somos programados desde que nascemos. Exemplos?

Nascemos com o cérebro como uma folha em branco, se você nasce no Japão, seu cérebro se prepara para receber as instruções em Japonês. Se você nasce na França, o mesmo com o Francês; note que onde você nasce não importa, pois será programado de acordo com cada região. Entrando em um nível de sociologia, se você nasce em uma comunidade, será programado de uma forma, se nasce no Jardins, em São Paulo, será de outra. Algumas pesquisas revelam que filhos em boas escolas tendem a ser empreendedores com mais facilidade. Claro que, enquanto uma escola no subúrbio educa com linguagem de contagem de maçãs e laranjas, a outra educa com linguagem de contagem de ações, bolsa de valores, imóveis. Sem dizer da comunicação social entre as crianças, pois elas trazem suas percepções do mundo em que elas vivem. Enfim, a linguagem usada por seus integrantes constrói a escola e seus estudantes. É tudo uma questão de programação.

Existe o manual do seu celular, da sua TV e do seu computador, mas e o do seu cérebro? Iremos falar sobre ele.

Perceba, então, que você sempre foi programado, desde sua infância, por seus pais ou por quem o criou. Vou demonstrar um exemplo de como isso funciona e como pode lhe atrapalhar.

A frase bíblica da agulha

Lembro bem quando minha mãe me falava que é mais fácil um camelo passar em um buraco de uma agulha do que um rico adentrar as portas do céu, se referindo à passagem bíblica Mateus 19,24. Então, como eu, ainda uma criança, absorvia ou poderia absorver essa passagem bíblica dita sempre por minha mãe? Entenda como programação, já que foi dita várias e várias vezes enquanto eu estava em pleno desenvolvimento cerebral. Resumindo, fui programado com essa frase em mente e vou explicar como isso pode afetar o ser humano.

Iremos falar sobre consciente e inconsciente mais à frente, porém, temos a noção do que seria o inconsciente: algo dentro de nós, que controla nossos pensamentos, nossas emoções, nossas ações, controla nossa fisiologia como respirar e fazer a digestão, e todas as nossas funções que não controlamos porque "queremos".

"E AINDA VOS DIGO QUE É MAIS FÁCIL PASSAR UM CAMELO PELO FUNDO DE UMA AGULHA DO QUE ENTRAR UM RICO NO REINO DE DEUS". (MATEUS 19,24)

Como o **inconsciente** de uma criança **pode** entender a mensagem acima sobre o camelo passar na agulha?

— Se for rico, não vou para o céu, então não quero ser rico;

— Se não vou para o céu, sou malvado, e eu não quero isso;

— Se quero ir para o céu, preciso sempre ser pobre;

— Se ganhar muito dinheiro, me torno mau, logo, não vou para o céu.

O fato é que a lista acima pode conter milhares de pensamentos, e esses pensamentos não "são controlados", eles são toda a soma da sua experiência de vida, história, ambiente onde vive, educação, sonhos, desejos, influências, enfim, chamamos esse conjunto de experiências de mapa mental. Cada pessoa tem o seu mapa mental, um cérebro sempre agirá de forma diferente de outro, mesmo em iguais contextos. Mais à frente, vou detalhar como ressignifiquei em meu inconsciente essa frase bíblica sobre o dinheiro, e destravei minha mente para conseguir desenvolver minha vida profissional e financeira. Antes, vamos ilustrar com outra história.

Um médico muito famoso, de origem muito pobre, que trabalhava no programa "Médicos sem Fronteiras", foi entrevistado certa vez por uma emissora de televisão que lhe questionara qual era sua motivação de se tornar médico, mesmo vindo de uma família desestruturada, onde o pai era alcóolatra e maltratava sua mãe, onde suas condições de saneamento e educação básica eram precárias, e ele respondeu:

" — Eu via meu pai doente e bêbado, sempre batendo em mim, minha mãe e meu irmão, então, por várias vezes, eu olhava para o futuro e imaginava: não serei igual, serei alguém na vida, ajudarei as pessoas o máximo que puder, e terei um futuro brilhante".

Observe qual era a situação desse homem; sua história e suas expectativas de vida, que chamamos de ponte ao futuro, falaremos em breve sobre isso. Veja que com base em seus pensamentos, emoções e atitudes, ele escolheu seguir seu caminho daquela forma, tornando-se médico, bem-sucedido e cuidando de pessoas pelo mundo afora.

Por outro lado, ele tinha um irmão, com um ano de diferença, que seguiu outro caminho. Seu irmão ainda morava em subúrbio, usava drogas e não terminou ao menos o ensino médio, e para quem lhe perguntava o motivo de tanta revolta, ele dizia: **"Eu via meu pai doente e bêbado, sempre batendo em mim, minha mãe e meu irmão..."** ou seja, a mesma fala do irmão, mas com pensamentos diferentes, ele sempre dizia que era culpa dos pais, por conta das condições que teve, da violência do pai e do alcoolismo.

Note que estamos falando de pessoas do mesmo grupo social, ambiente cultural, familiar, porém, com pensamentos distintos. O que levou um a seguir um caminho e o outro não?

A resposta para essa pergunta é "muito complexa", são centenas de respostas, mas dentre elas alguns diriam:

Modo de ver a vida, amizades, influências, caráter, perspectiva de vida, sonhos, mapa mental. Enfim, a resposta é bem mais simples: influências em seus pensamentos.

Explicaremos mais à frente, o poder da influência em nossos pensamentos, sentimentos e ações.

Explicaremos como identificar esses sentimentos, emoções e como podemos controlar o que entra em nossa mente e nos influencia no dia a dia.

Os pensamentos, emoções e sentimentos

Pensamentos lhe geram emoções, que geram sentimentos, que geram ações e cada ação tem seu resultado.

Os pensamentos do médico lhe geraram emoções, que geraram sentimentos, esses sentimentos geraram comportamentos, e esses comportamentos tiveram resultados positivos. Irei explicar a diferença entre uma emoção e um sentimento exemplificando a seguir.

Imagine que você está em uma viagem de lua de mel, em uma praia, um lugar lindo, paradisíaco, calmo, com a água cristalina e você então decide mergulhar com seu parceiro na água. Você visualiza um cardume de peixes, e decide chegar mais perto para experimentar aquela sensação. Ao apreciar o visual do cardume, nota uma grande sombra vindo por trás, então percebe que há uma barbatana aparente na superfície e se dá conta de que está se aproximando um tubarão.

O que acontece em seu cérebro é muito rápido e instintivo, ou seja, em menos de meio segundo, suas pupilas dilatam, a boca seca, seu estômago e intestino param o trabalho que estiverem fazendo, e para isso eles precisam liberar logo o que está dentro, por isso, quando sentimos medo, sentimos a necessidade de ir ao banheiro. Todo o sangue do seu corpo muda, pois ele irá jogar mais sangue para onde é mais necessário naquela situação, seu rosto fica pálido, pois é um dos locais que ele menos precisa de sangue agora e sim em seus principais órgãos para agir rapidamente.

Seu cérebro dá vários comandos ao seu corpo, como por exemplo criar o hormônio da adrenalina, para aumentar suas chances de escape da morte, seu coração dispara, bombeando mais oxigênio para as células, para lhes dar mais movimentos ágeis. Seu cérebro se prepara então para o combate ou para a fuga, ficando extremamente atento e focado em todos os movimentos do perigo, isso e muito mais ações acontecem dentro de você, em menos de meio segundo, sem você perceber. **Isso são emoções!**

As emoções são registros mentais que você possui para reagir naquela situação, ou seja, são **programas** de ações, são ações microscópicas que levam seu corpo a fazer todas as funções acima, em milésimos de segundos, sem você perceber. São reações químicas dentro de você e que respondem a estímulos externos. Novamente, lembra muito o computador.

Essa emoção o levará a um sentimento, nesse caso o medo, e depois a alguma ação, ou seja, ela influencia como seu comportamento será diante daquela situação. Por isso, hoje em dia, temos a tão falada inteligência emocional, é você usando toda a inteligência que possui em seu banco de dados (cérebro) para escolher ou decidir como reagirá a determinada ação.

As emoções são automaticamente executadas por seu inconsciente, ou seja, você não dá o comando **conscientemente** como: abra minha pupila, produza adrenalina, mova o sangue para tal região e todos os outros comandos. Se você tivesse que fazer tudo isso **conscientemente,** o tubarão já teria lhe devorado. A emoção então garante a nossa sobrevivência.

Mas você poderia influenciar em seu comportamento se tivesse inteligência ou informação sobre o assunto, não poderia? Digamos que você leu algum dia que para afastar um tubarão você precisa atacar seus olhos, focinho ou as fendas braquiais, e se manter em nível abaixo dele, pois ele geralmente ataca de baixo para cima. Seu cérebro, é claro, irá usar sua informação acumulada para as reações em milésimos de segundos e você então atacará as partes mais sensíveis do animal.

"EMOÇÕES GARANTEM A NOSSA SOBREVIVÊNCIA.". (PEDRO CALABREZ)

Quando você toma consciência da sua emoção, como no caso do tubarão, um sentimento de medo vem ao seu consciente, ou seja, saímos do campo inconsciente e agora estamos **no consciente**. Você sabe que está com medo, mas não sabe que está produzindo adrenalina internamente, e todas as outras atividades complexas, comparado à emoção.

Muitas emoções ficam dentro de você sem mesmo você perceber, e elas não chegam a se tornar sentimento, que acaba gerando ações. Um exemplo clássico é quando você acorda em um dia, se lembra por segundos de alguém muito querido que faleceu, ou vê uma foto por exemplo, e você passa o dia todo cabisbaixo, até alguém lhe perguntar se está tudo bem com você, e você percebe então que a lembrança de manhã, ou a foto que viu, o afetou o dia inteiro, sem perceber. Somente nessa hora você saiu do campo da emoção e foi para o campo do sentimento, e daí, então, você pode escolher se continua mal o resto do dia ou apenas muda seus pensamentos, alterando todo o contexto da emoção.

Então, temos a **emoção inconsciente** e depois o **sentimento consciente**. Chamamos esse conjunto de pensamentos, emoções e sentimentos de partes de seu **mapa mental.**

No próximo capítulo, explicaremos o que é e como funciona nosso mapa mental.

O mapa mental

Imagine que você tenha uma percepção do amor, por exemplo, quando você diz eu te amo a uma pessoa, e quando ela lhe responde que também o ama, cada um de vocês tem uma percepção do amor diferente do outro.

Outro exemplo é dizer ao filho que ele **"tem tudo para ser feliz"**.

A frase acima está totalmente **equivocada**, na verdade, os pais deveriam dizer: com base no meu mapa mental, eu acredito que você tem tudo para ser feliz, pois se eu tivesse o que você tem hoje, se estivesse em seu lugar, **eu estaria feliz!**

Porém, a experiência de felicidade do filho pode não ser a mesma do pai. Podemos ser humildes e reconhecer que fazemos julgamentos a todo momento, até mesmo sem perceber, em coisas simples como a frase acima ao filho.

Como você pode dizer a uma pessoa com depressão que ela precisa ter força de vontade, sendo que, biologicamente falando, o cérebro dessa pessoa pode estar desprovido de hormônios que a fazem ter força de vontade? Seria o mesmo que pedir a um daltônico que ele enxergue a cor verde, biologicamente ele não consegue.

Normalmente, queremos impor nossas experiências, crenças e valores às outras pessoas. Isso se chama invadir o mapa mental.

Agora você tem conhecimento de que o mapa mental de outra pessoa é com certeza diferente do seu.

"NÃO RIR, NEM SE LAMENTAR, NEM ODIAR, MAS COMPREENDER.". (BARUCH ESPINOZA)

Nosso mapa mental, ou seja, nosso inconsciente e consciente podem ser influenciados. Irei exemplificar de outra forma com esta história real:

Um homem saiu do trabalho às 17 horas, e às 20 horas está sem celular e sua esposa o espera em casa.

Ao esperar o marido, a esposa assiste a uma novela na qual, dentro da dramaturgia, acontece uma traição por parte do homem e ele chega atrasado em casa dando algum tipo de desculpa para a esposa.

O marido da vida real, ao chegar em casa às 20h30, qual foi a provável recepção da esposa?

Perceba que o que ela assistiu gerou pensamentos, que geraram emoções negativas, sentimento de ciúmes, e possivelmente, um conflito.

E se essa mesma esposa estivesse assistindo a um telejornal onde noticiava-se um acidente de carro, cuja marca seria a mesma do carro de seu marido, perto de seu trajeto diário de trabalho? Ao chegar em casa às 20h30, qual seria a recepção da esposa?

Perceba que os pensamentos foram **influenciados** pela TV, que geraram emoções internas, sentimentos, ações e suas consequências posteriores.

Nesse caso, a influência da novela gerou pensamentos, que geraram emoções negativas automáticas, gerando um sentimento de ciúmes, que gerou suas ações e consequências. Esse caso ocorreu comigo. Depois desse dia, nunca mais assistimos novela em casa.

Você pode dizer que não é influenciável por nada, mas a verdade é que somos o tempo inteiro. Propagandas, imagens subliminares, falas subliminares, ambiente onde vivemos, estão o tempo todo nos bombardeando de informações. Mas como?

Se o computador é programado pelo programador, escrevendo sua linguagem, usando o teclado, mouse, imagens e sons, o ser humano é programado como? Como recebemos as informações a todo momento?

Informações são inseridas no cérebro a todo momento por meio da visão, do olfato, do paladar, da audição e do tato. São os meios de entrada de dados no cérebro. **Os famosos cinco sentidos.** Cada som, cheiro ou foto podem ser armazenados no cérebro e nunca mais saírem de lá. Exemplo: Em alguns países, quando acontece um atentado terrorista e não há pistas do criminoso, algumas pessoas que participaram do ambiente e do ato são hipnotizadas, para recordarem das pessoas que cruzaram pelo caminho, da cor de roupas, das falas e sons, pequenos detalhes que, por meio da memória consciente, seria impossível de se lembrar. Esses investigadores usam psicologia, PNL e hipnose para obterem informações que você tem e não sabe que tem. Este é nosso inconsciente, ele guarda tudo. Isso não é teoria, eu vivenciei isso na prática. Leia essa minha experiência pessoal fantástica, mas antes, para explicar as reações aqui contextualizadas, preciso explicar que algumas pessoas entram em estado de sonambulismo muito facilmente após dormir, ou seja, se levantam com os olhos fechados durante o sono, fazem uma refeição, tomam banho e até mesmo conversam, sem se lembrarem no dia seguinte de tudo o que haviam feito "dormindo". Isso é completamente normal e explicado pela ciência como sonambulismo ou estado hipnótico. Os hipnoterapeutas chamam de hipnosonambulismo, que é a soma das duas palavras.

Bem, vamos ao fato ocorrido:

Certo dia, minha esposa estava dormindo, de modo que seu rosto estava virado para a parede, totalmente oposto à TV. Apenas eu estava **assistindo acordado**. Explicarei o óbvio, o termo "assistindo acordado".

Passava o episódio do seriado "House", onde um menino autista teria uma espécie de verme nos olhos. Especificamente era o quarto episódio da terceira temporada, com o título "Rabiscos na Areia". Aliás, onde se tem um final épico e emocionante.

Durante o episódio, em um dos momentos mais impactantes, é mostrado o garoto autista com os vermes nos olhos, é realmente uma cena impactante pois envolve uma imagem forte e sentimentos.

Mesmo minha esposa estando dormindo e em estado sonambúlico, com os olhos fechados, e o rosto totalmente oposto à TV, ela disse:

" — Não gosto da imagem do menino virando os olhos com esses vermes!"

Ela então estava "assistindo" dormindo, concorda? O fato é que o episódio estava em inglês, apenas com legendas em português, e mesmo assim, sem olhar para a TV, minha esposa soube exatamente o momento em que o garoto mostrava os olhos com os vermes. Outro detalhe é que ela não fala inglês, mas como isso pode acontecer?

Esse fato mostra o poder do nosso inconsciente, pois minha esposa já tinha assistido o mesmo episódio meses antes, e apenas escutando a TV, sem olhar, em estado sonambúlico, soube identificar a cena exata que estava passando e comentou sobre a cena do garoto virando os olhos. Fantástica a nossa mente, não?

"NOSSO INCONSCIENTE NÃO DORME. IMAGINE SE DORMISSE, VOCÊ NÃO ESCUTARIA O DESPERTADOR TODAS AS MANHÃS." (RODRIGO OLERIANO)

Imagine a quantidade de informações que ele pode guardar, para acessar no futuro. Por isso, nosso inconsciente é poderoso, mas precisamos aprender a controlar essa fera, e é isso que faremos juntos mais à frente.

Imagine se o inconsciente dormisse? Quem controlaria a sua respiração durante a noite? A sua digestão? E todo o processo fisiológico que acontece dentro de você, para se preparar para o próximo dia?

Durante seu sono, milhares de processos ocorrem dentro de você, sem que você saiba conscientemente disso, mas se precisar acordar a qualquer momento devido a qualquer emergência, fique tranquilo, seu inconsciente avisa seu consciente!

Por exemplo, ao escutar um barulho estranho, ele o acorda, ao escutar um barulho rotineiro, ele o ignora. Não é uma decisão consciente e sim do seu inconsciente.

Introdução à PNL

Nosso cérebro guarda todos os detalhes de cada segundo de sua vivência, as informações sempre estarão lá, disponíveis. Porém, muitas vezes, não são facilmente acessíveis.

Freud diria que essas informações são as informações reprimidas (as do inconsciente).

Agora imagine se você tivesse que dar **cada comando** consciente para seu corpo?

Respire, faça digestão, descarte esta imagem que vi, guarde aquela, movimente meu braço para cima, olhe lá, fale, ande, ficaríamos loucos com tanta informação, não acha? Nosso cérebro filtra tudo e direciona para onde a informação tem que ir, simples assim. Nosso corpo é o hardware, nosso cérebro o software.

A PNL (Programação Neurolinguística) informa que essas informações que recebemos são absorvidas e entendidas por três canais. Na verdade, a PNL resume os 5 sentidos para esses três canais:

1 – **O canal sinestésico**, ou seja, a sinestesia é a soma de cheiro, tato e paladar (sensações);

2 - **O canal visual,** aquele pelo qual recebemos todas as informações visualmente;

3 - **O canal auditivo,** autoexplicativo, recebemos por meio de sons.

A PNL também informa que todas as pessoas predominantemente têm um sentido mais apurado do que outro, seja ela mais sinestésica, mais auditiva ou mais visual.

Exemplo:

Um médico quer lhe convencer de fazer uma lipoaspiração em sua clínica, e tenta vender-lhe o procedimento dizendo:

1- Após a cirurgia, você se **sentirá magra**, se **sentirá** com um corpo saudável, eliminará **quilos** de gordura, ficando mais **leve**, sua **autoestima** irá **aumentar** muito, até os **abraços** que dará nas pessoas serão diferentes, qual a **sensação** de sentir tudo isso?

Note que o médico está usando aqui somente a linguagem **sinestésica.**

Para outra pessoa o médico pode dizer:

2- Após a cirurgia, imagine você **se vendo** no **espelho**, mais magra, tirando **fotos** bacanas que antes não conseguia, **veja** você mesmo na praia, com o corpo **sarado**, como você **se vê?**

Agora, nessa frase, ele está usando apenas a linguagem **visual.**

E para outra pessoa talvez diria:

3– Após a cirurgia todos vão **falar** que você está ótima, receberá **elogios** de todos, seu namorado (a) vai te **elogiar** mais, receberá mais **cantadas, assobios, escutará** muitas congratulações, o que me **diz**?

Nessa última, está usando claramente a linguagem **auditiva.**

Coloque-se no lugar da paciente; se fosse para você, **releia** os três modos do médico lhe vender a cirurgia e **perceba** que quando lê uma das três opções de fala, seu cérebro a leva para os pensamentos, como: foto na praia, receber elogios, sentir algo. Se você **se imaginou** na cena quando lê, provavelmente é seu mecanismo de comunicação mais influente.

Imagine esse conhecimento de linguagem para um vendedor? Imagine se ele sabe qual é a sua linguagem predominante? E mesmo que não saiba, ele poderia combinar as três, não poderia? E vender para todos os tipos de pessoas! Influenciam você o tempo todo e você nem sabe!

A PNL foi o resultado de metamodelagem (ler pessoas, atitudes, pensamentos e costumes, as copiando) de vários estudos de dois homens, **Richard Bandler** e **John Grinder**, no qual estudaram o comportamento de várias pessoas bem-sucedidas naquilo que faziam. Eles pensaram: quais eram seus comportamentos? Seus pensamentos? Atitudes? Por que faziam aquilo e como faziam? Estudaram centenas de perfis e escreveram um manual de como ser programado da mesma forma que essas pessoas foram, pois imaginavam que se um computador poderia ser programado, um ser humano também poderia. Nesse caso programar nosso cérebro, nosso software. Eles criaram a linguagem **PNL.** Basicamente, muitos livros de autoajuda surgem de metamodelagem de pessoas que obtiveram êxito em algum tipo de problema em sua vida, os superaram e hoje dividem suas experiências, **como este livro.** Este estudo, na década de setenta, resultou na criação da **Programação Neurolinguística,** uma espécie de manual do cérebro. Convido-lhe a buscar mais sobre o assunto, é um dos pilares deste livro. A PNL está relacionada à sua vida, mas você talvez não saiba disso. Grandes influenciadores, milionários e comunicadores usam naturalmente em seu dia a dia, porém, nem todos sabem que usam, ou usam de forma consciente como **Anthony Robbins, Dr. Lair Ribeiro,** líderes de igrejas, grandes políticos, grandes empresários e comunicadores em geral.

Somos influenciados pelos cinco sentidos o tempo todo, seja por meio de falas, sons, músicas, livros, vídeos, toques ou sensações.

Se sua programação mental diz que assistir novela é melhor do que estudar, não importa se isso é positivo ou não, quando chegar a hora de estudar, você vai preferir assistir novela.

Nosso estado mental atual é formado pelos pensamentos predominantes que temos na mente, em nosso mapa mental. Ou seja, o que esteve com mais frequência em nossa cabeça até o presente momento, compõe o material básico da nossa mentalidade atual.

Essa programação mental se dá basicamente de uma única forma, as influências externas que recebemos. Falaremos mais no próximo capítulo.

Influências Externas

As influências externas são os estímulos que recebemos do ambiente no qual nos encontramos. Ou seja, são os livros que lemos, o que assistimos, as pessoas com as quais conversamos, os comercias na TV, os amigos, a família e tudo que absorvemos por meio dos 5 sentidos. As influências externas acabam influenciando as internas.

Para testar esse tipo de influência é bastante simples. Esteja em um local onde várias pessoas estejam reclamando de uma determinada situação. Sem perceber, em pouco tempo, você estará a reclamar de alguma coisa também, não é mesmo?

Quem assistiu ao seriado Chaves no episódio em que várias pessoas perguntam ao senhor Madruga se ele "se sente mal"? No final do episódio, ele se convence que estava verdadeiramente doente.

Claro que é uma obra da ficção e humor, contudo, na vida real não é diferente. Se várias pessoas lhe falarem que você está com uma aparência de pessoa "doente", é bem provável que depois de um tempo você passe a se sentir assim mesmo.

Já viram um vídeo no Youtube, um comercial de refrigerante, onde uma pessoa começa a rir alto dentro do metrô, e simplesmente, alguns minutos depois, todos estão rindo, sem saber o motivo?

Já bocejou e as outras pessoas por perto foram na "sua onda"?

Isso se chama rapport (sintonia). Falaremos mais à frente sobre isso.

Logicamente, umas pessoas são mais suscetíveis à influência externa do que outras, mas garanto, exceto pessoas com força mental muito acima do normal, todos sofremos influências externas.

A mais forte dessas influências externas é a familiar. Perceba como somos, em grande parte, resultado das influências que tivemos em casa, tanto para nos tornarmos parecidos ou opostos.

Se a sua natureza mental for parecida com a de seus familiares, provavelmente você, hoje, é muito parecido com eles.

Contudo, se sua natureza mental é diversa, a tendência é que, hoje, você seja um completo oposto à sua família. Acontece o chamado "conflito de mentalidade", que é quando determinadas mentes não são em nada, ou quase nada, compatíveis, fazendo com que essas pessoas tendam a discordar em tudo, até em assuntos que, normalmente, concordariam.

Assim, seja por ter lhe tornado parecido ou por ter lhe tornado oposto, a influência externa familiar é uma das mais fortes, mas não é a única.

Programamos nosso cérebro baseados em fatos externos que nós aceitamos como verdadeiros, por vezes inconscientemente, para aceitar aquilo como real.

Ou seja, o que você convence a si mesmo como sendo uma realidade, por mais que essa realidade seja falsa, acabará sendo aceito por sua mente como verdade.

Vamos a um exemplo simples e esclarecedor.

Digamos que alguém tenha jogado na loteria. A pessoa não é muito experiente em jogos e acabou conferindo seu bilhete com o resultado passado, que não valia mais. Contudo, essa pessoa acha que ganhou e, logicamente, fica muito feliz com isso, vibra, grita, enfim, comemora.

Até descobrir seu engano, a felicidade interna dessa pessoa é exatamente igual a de uma pessoa que realmente ganhou na loteria, pois, em sua mente, o prêmio é real, embora não o seja na realidade.

É um exemplo simples, mas adequado, para mostrar como, quando nos convencemos de algo, não importa se esse algo é real ou não, **mentalmente o resultado é o mesmo.**

Sonhos também são ótimos exemplos. Quantas vezes temos um determinado sonho e acordamos assustados e com o coração acelerado? Embora o sonho seja uma realidade criada por nosso cérebro, o efeito em nosso corpo é o mesmo de uma experiência real, pois, no momento do sonho, aquela era a realidade.

Usando o exemplo financeiro novamente, muitas pessoas que nascem em famílias menos favorecidas aceitam como verdade o mito do "nasceu pobre, morrerá pobre". Para essas pessoas, por mais que surjam oportunidades de alteração de seu padrão de vida, a tendência é que elas sequer enxerguem essas oportunidades, pois em seu mapa mental elas não "podem" ou "conseguem" sair daquela situação. Existem crenças limitantes implantadas ali.

Ou seja, elas criaram para si uma realidade e, como aceitam que essa realidade é verdade, não saem dela.

Assim, tome muito cuidado com os conceitos que repete para si mesmo. Com o tempo isso ficará impregnado em seu inconsciente e mesmo em situações completamente ilusórias parecerão reais para você. E quanto às influências externas, a principal ação é selecionar bem quem mantém próximo de si.

A Bíblia e os provérbios chineses ensinaram aos pais e avós uma frase bem atual: *diga-me com quem andas e direi quem tu és.*

A máxima, cunhada pelo brilhante escritor e palestrante americano Jim Rohn, que afirma o seguinte:

"NÓS SOMOS A MÉDIA DAS CINCO PESSOAS QUE MAIS PASSAMOS O TEMPO." (JIM ROHN)

Essa afirmação nos remete a uma única coisa: somos seres influenciáveis, não importa o quanto pensamos que tomamos nossas próprias decisões, seguimos nossas escolhas, traçamos nossos próprios destinos. De uma forma ou de outra, as influências estão presentes em nossa vida, mesmo inconscientemente.

Como disse antes, só pessoas com força mental muito acima do comum conseguem ficar em um determinado ambiente e não se influenciarem pelas mentalidades ali presentes. O mais recomendado é selecionar as companhias, evitando pessoas negativas e com tendência a reclamar da vida.

Prefira cercar-se de pessoas proativas e que veem a vida como um processo de desenvolvimento. Só de estar próximo de pessoas assim, sua mentalidade já colherá frutos positivos.

Sei que, em determinados ambientes, é difícil encontrar pessoas positivas. Nesses casos, leia livros, textos, artigos... de autores que tenham esse tipo de conduta. Assistir a vídeos de pessoas assim também pode ter o mesmo resultado.

Quais são suas companhias atuais? Você é totalmente diferente delas?

Já se mudou para uma cidade e começou a falar o sotaque da cidade? Você pode ser um gaúcho, mas ao se mudar para o nordeste, em pouco tempo estará dizendo: "Oxe"!

Se você entrar em uma empresa, cheio de gás, mas começa a se associar com pessoas mais antigas, que são negativas e reclamam de tudo, do chefe, do salário, da empresa em geral, das coisas que poderiam ser melhores. Se você não tiver uma mente poderosa, e não conseguir visualizar esse tipo de pessoa, provavelmente acaba se tornando uma também. A amizade é um laço forte, que liga as pessoas de uma maneira poderosa.

Os verdadeiros líderes enxergam esse tipo de pessoa, as transformam ou as afastam do seu time, pois são verdadeiras bombas-relógio.

O fato é que o ser humano pertence a uma espécie sujeita a estímulos. Por que você acha que raramente alguém consegue bons resultados quando resolve fazer exercícios físicos em casa, especialmente se está cercada de gente sedentária? E o que acontece com esse mesmo indivíduo quando passa a frequentar uma academia, repleta de pessoas que têm o mesmo objetivo?

O funcionamento desse mecanismo é muito simples de entender. Associe-se a gente preguiçosa que você vai se tornar um sujeito que prefere o apocalipse zumbi a levantar da cama ou sair para dar uma caminhada na esquina.

Associe-se aos que cultivam pensamentos de pobreza e escassez e você vai se tornar um sujeito que acha que o mundo é só injustiça, que não existe esperança, oportunidades etc. Associe-se a pessoas desleixadas, que é possível que em um futuro próximo você passe a viver em um local semelhante a um lixão e achar que é normal.

Por outro lado, experimente associar-se a pessoas otimistas, bem-sucedidas, disciplinadas, organizadas e você vai notar uma diferença extraordinária nos rumos que sua vida vai tomar.

"SE EU ENXERGO MAIS LONGE, É POR ESTAR SOBRE OMBROS DE GIGANTES." (ISAAC NEWTON)

Esteja rodeado de pessoas gigantes, não se contamine com pessoas pequenas, busque pessoas que o inspiram a ser melhor, sempre.

Você pode ter a visão de uma pessoa muito bem-sucedida, eu mesmo já tive um amigo assim, mas que era um fracassado na vida amorosa e familiar. Você pode deixar-se influenciar pelo lado profissional dessa pessoa, e ter o conhecimento e a inteligência de não absorver as influências negativas da vida familiar ou amorosa dela. Absorva o bom, descarte o ruim, ninguém é perfeito. Modele o lado profissional, e descarte totalmente o lado familiar e amoroso se for necessário, use sua inteligência.

E antes que alguém questione: é claro que existem exceções. Elas existem para quase tudo na vida, certo? O problema é: você se considera uma exceção? Tem certeza? Por quais motivos? Mas como assim?

Se existem pessoas próximas, que o estimulam (até sem querer) a pensamentos e comportamentos pouco eficientes, procure diferentes companhias ou, pouco a pouco, é até possível, que você passe a influenciar positivamente aqueles que remavam para o lado inverso. Eu sempre tento esta opção antes de me afastar.

E se não tiver ninguém próximo para me inspirar? O que eu faço?

Bom, nesse caso, você pode reduzir suas horas de televisão, celular, internet e mergulhar em livros com conteúdo relevante e estimulante. Basta prestar atenção que você vai encontrar. Nós vemos o que estamos preparados para ver.

"AS MÁS COMPANHIAS SÃO COMO UM MERCADO DE PEIXE; ACABAMOS POR NOS ACOSTUMAR AO MAU CHEIRO". (PROVÉRBIO CHINÊS)

Um senhor me disse algo importante em minha adolescência:

Relacione-se com pessoas que lhe puxam para cima ou pelo menos estão ao seu lado. Afaste-se das que lhe puxam para baixo, elas podem estar dentro de sua casa.

"NÃO VOS ENGANEIS. AS MÁS COMPANHIAS CORROMPEM OS BONS COSTUMES". (1CORINTIOS 15,33)

Em contrapartida, assim como você deve evitar pessoas negativas, o ideal é que evite leituras e vídeos negativos. A influência é a mesma. **A TV é um dos principais sugadores de energia mental.** Quando você vê, já está há horas envolvido pelo clima do que estiver sendo exibido. Portanto, evite assistir programas de conteúdo negativo.

"QUEM ANDA COM OS SÁBIOS SERÁ SÁBIO, MAS O COMPANHEIRO DOS TOLOS SOFRE AFLIÇÃO." (PROVÉRBIOS 13,20)

O rapport

O rapport é uma das técnicas da PNL, a palavra significa criar uma relação, criar uma sintonia. Você pode usar o rapport para criar empatia com outras pessoas, para que elas aceitem mais o que você fala. É uma técnica fantástica para vender! E vendemos o tempo todo, mesmo que seja nós mesmos em uma entrevista, um produto ou serviço que oferecemos.

Às vezes, conhecemos pessoas e pensamos: Nossa, parece que a conheço há anos! Ocorreu isso com você? Isso acontece porque vocês possuem algo em comum, uma sintonia em algum aspecto, seja mesmo tipo de fala, mesmo corpo, mesma linguagem corporal, mesmo sorriso, mesma identidade, mesma religião, mesmas ideias, mesmo time de futebol, enfim, existe uma conexão de mapa mental ali.

Para fazer um rapport mentalmente e não naturalmente (algumas pessoas o fazem naturalmente) você pode tentar copiar o tom de voz da pessoa, chamá-la sempre pelo nome, com um sorriso no rosto, tentando fazê-la a mais importante e a única pessoa do mundo.

Imagine que antes da entrevista, você pesquisou no Linkedin informações sobre a pessoa que irá entrevistá-lo, que viu em seu Facebook sua última viagem de férias.

Imagine a sensação desse entrevistador quando você o chamar pelo nome e sobrenome? Comentar que ele já trabalhou tantos anos na empresa "X" ou tantos anos na empresa "Y"? Sobre o lugar de sua última viagem. Será que ele irá gostar de sentir-se importante para você, sim ou com certeza? Você criou uma conexão (rapport) e suas chances serão maiores agora.

Existem inúmeras formas de se criar um rapport, pode ser falando de uma mesma religião, mesmo time de futebol, pode ser copiando os movimentos da pessoa, pois nosso cérebro se identifica com sua própria imagem. Pode ser com um sorriso, com otimismo. Quem não gosta de pessoas otimistas por perto?

Ser paciente, escutar mais do que falar, sons, imagens e sensações, todas essas maneiras e muito mais são as formas de conectar-se a outra pessoa, quem faz o curso de PNL sabe que o rapport mais forte é o do toque e da respiração. Se você toca na pessoa em alguns pontos, ou imita seu modo de respirar, o inconsciente da outra pessoa tende a confiar mais em você.

"Rapport é a capacidade de entrar no mundo de alguém, fazê-lo sentir que você o entende e que vocês têm um forte laço em comum. É a capacidade de ir totalmente do seu mapa do mundo para o mapa do mundo dele."

Anthony Robbins

A teoria da Influência

A PNL informa que tudo parte do pensamento, porém, eu vou um pouco mais além, e digo que os pensamentos partem das influências.

Em resumo, eu crio a **Teoria da Influência**, onde se segue uma sequência de fatos, até chegar na ação propriamente dita, nas escolhas que fazemos, decisões importantes que impactam na vida.

A teoria é a cascata de acontecimentos a seguir:

1 – **Influência:** que pode ser de TV, rádio, fotos, falas, pessoas, ambiente, experiências, sonhos, tudo que entra em sua mente por meio de seus cinco sentidos.

2 – **Pensamento:** com base na influência, você pensará em algo que o levará a um caminho. Lembre-se da mulher assistindo a novela ou assistindo o jornal. Quando assistiu a novela, foi influenciada a pensar que seu marido a estava traindo, gerando um conflito.

3 – **Emoção:** o corpo responde automaticamente, fisiologicamente, com base nesses pensamentos, memórias ou reações externas, como ver um tubarão, por exemplo. Acontece uma cascata de eventos dentro de você, sem perceber.

4 – **Sentimento:** com essas emoções, eu gero sentimento de frustração, de angústia, de felicidade, de preocupação ou de medo, no caso do tubarão, novamente.

5 – **Ação:** com base no sentimento, eu tomo as decisões, faço as escolhas de vida e isso gera ações, consequentemente, resultados.

Então temos a sequência de ações representadas na figura a seguir:

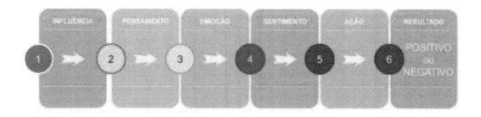

Para guardar o conteúdo acima, lembre-se da palavra ESPIÃ. Essa palavra contém a letra inicial de cada item anterior, sendo mais fácil sua memorização.

Imagine algum ator de 007, de sua preferência, lhe recitando uma **poesia**, que seja engraçada ou romântica, ficará fácil agora se lembrar da ESPIÃ.

Quando temos a influência constante de criminosos ao nosso redor, a possibilidade de nos tornar um é grande, pois só conhecemos aquele "caminho" para viver. Mas também não posso dar essa certeza, pois cada um tem seu mapa mental e, com base em seus pensamentos, faz sua escolha, como o médico com o irmão viciado em drogas. Tinham a mesma família, mesma condição social, porém, destinos opostos. O que influenciou um, não influenciou o outro. Um usou a situação como degrau para subir, o outro como desculpa.

Se todo o meu ambiente é imoral, eu posso pensar que isso é normal, pois fui programado para achar que é. O que é moral para alguns, não é para outros. Porém, a PNL informa que sempre há uma intenção positiva por trás de qualquer ação, mesmo o bandido que mata uma pessoa, a intenção dele é satisfazer alguma necessidade própria, ou seja, ele tinha uma intenção positiva, nesse caso, possivelmente, só para ele. Até mesmo os suicidas, o propósito pode ser evitar algo, dor, vícios, pessoas, enfim, existe uma intenção positiva por trás da ação, mesmo sendo a de tirar a própria vida.

Percebam como funciona a influência de nosso inconsciente. Por favor, lembre-se do professor que mais gostou até hoje. Provavelmente, será a matéria que mais gostou na escola. Não porque o estudante seja necessariamente o melhor da classe, mas porque os professores acreditam que seja – e acabam atuando inconscientemente a favor dele. Seu professor acreditou em você. Esse fenômeno, que se chama **Incentivo Inconsciente**, tem respaldo em diversos estudos científicos. Um dos mais criativos foi realizado na década de 1960 por Robert Rosenthal, um professor de Psicologia da Universidade da Califórnia.

Em seu estudo, os alunos de uma escola foram submetidos a uma prova. Rosenthal e sua equipe informaram aos educadores do colégio que se tratava de um teste especial, desenvolvido na Universidade Harvard, para analisar o potencial de desenvolvimento de cada criança. Mas na verdade era apenas um **simples teste de QI**, nada demais. O objetivo da mentira era aumentar as expectativas dos professores.

Os alunos fizeram a prova, e a grande jogada de Rosenthal veio na hora de anunciar o resultado da prova. Antes mesmo de calcular a pontuação de cada aluno, os pesquisadores escolheram aleatoriamente de três a seis crianças de cada série e disseram aos professores que aqueles alunos haviam se destacado e teriam um desempenho extraordinário nos anos seguintes. **Era outra mentira**, apenas para criar uma expectativa nos estudantes.

No final do ano escolar, a equipe de Rosenthal voltou à escola e repetiu o teste. Os alunos que haviam sido falsamente diagnosticados como gênios, haviam ganho, em média, 3,8 pontos de QI a mais que os demais. O resultado foi ainda mais surpreendente entre alunos da primeira série: a diferença entre os anunciados como promissores e o resto foi de assombrosos **15,4** pontos de QI a mais. Ou seja, as crianças apresentadas como **mais inteligentes** de fato se tornaram mais inteligentes – porque, inconscientemente, sem querer, os professores haviam dado mais atenção e estímulo a elas. "O resultado mais importante desse experimento foi mostrar como a expectativa dos professores **influencia** e faz toda a diferença para o desenvolvimento dos alunos.

Se você afirmar a seu filho, sempre, que ele é burro, terá grandes chances de prever o futuro, e o contrário também é verdadeiro! Não gaste palavras influenciando negativamente uma criança, seja **sempre positivo!**

As influências podem ser amplas, com efeitos comportamentais gerados por ela, podem ter um significado grande na vida de uma pessoa, já que geram um grau de satisfação no influenciado e as influências podem ser temporárias ou duradouras.

Algumas influências podem mudar ou mudam para sempre uma vida.

Líderes possuem grande capacidade de influenciar, de canalizar a atenção; o chefe não, o chefe exerce sua autoridade, falaremos mais sobre isso no fim do livro.

O Papa Francisco é considerado um dos maiores líderes atualmente, mesmo que você não tenha essa religião, mas poderia concordar comigo, pois ele age de acordo com suas convicções e faz o inesperado sempre. Poderia gastar linhas e linhas aqui informando algumas de suas atitudes, que mostram o quão verdadeiramente **líder** ele é.

"SEMPRE, NO RESTAURANTE DA VIDA, NOS OFERECEM PRATOS DE IDEOLOGIA. VOCÊ PODE SE REFUGIAR NISSO. SÃO REFÚGIOS QUE O IMPEDEM DE TOCAR A REALIDADE." (PAPA FRANCISCO)

Mas e agora, sabendo disso tudo, o que eu posso fazer para mudar a minha vida?

Como altero minha mente, como controlo meus pensamentos, meu consciente e meu inconsciente?

Acompanhe as próximas páginas.

Ressignificando o Inconsciente

Vamos ao exemplo onde a mãe sempre dizia a frase sobre "rico não adentra as portas do céu".

Fui programado desde cedo, isso é fato, e como descobri isso? Em terapias, em livros como este, com exercícios de regressão, com terapias com hipnose e treinamentos de PNL. Sem fazer absolutamente nada, o resultado será o mesmo, sempre, nada. Não obterá conhecimento se ficar parado, correto?

Sabendo que fui programado desde criança para não ser rico, o que acontece comigo ou com meu inconsciente?

– Sabe aquela segunda língua que você tenta aprender e não consegue? **É seu inconsciente o sabotando,** pois você não pode progredir financeiramente (segundo seu inconsciente).

– Sabe aquela entrevista que você travou e não sabe o que ocorreu? Novamente seu inconsciente.

– Sabe a prova que deu branco no concurso ou na prova na faculdade?

– Aquela desmotivação de acordar de manhã que não sabe de onde vem?

Enquanto não descobrir o que acontece dentro de você, e fazer algo a respeito, pode ser difícil mudar o resultado.

Quando consegui descobrir que fui programado para ser pobre, o que eu fiz a respeito? Vamos voltar à passagem Bíblica:

"E ainda vos digo que é mais fácil passar um camelo pelo fundo de uma agulha do que entrar um rico no reino de Deus" (Mateus, 19,24).

"O INCONSCIENTE É A MÃE DA CONSCIÊNCIA". (CARL JUNG)

Primeiramente, **bombardeie** sua mente com informações sobre o assunto, pesquise, leia, assista, escute, estude. Mais à frente, falarei de mais técnicas.

Conhecimento traz poder!

Estudando sobre a passagem bíblica, acabei descobrindo uma interpretação:

A interpretação dizia que Jesus, ao falar "fundo de uma agulha", estaria se referindo a uma pequena porta que ficava ao lado da porta principal da cidade de Jerusalém. Isso faria com que um camelo só conseguisse entrar na cidade pela porta pequena chamada de fundo de agulha, mas, mesmo assim, só conseguiria passar descarregado, ajoelhado e empurrado, já que o camelo era o maior animal daquela região da Palestina. Se considerarmos esse significado, podemos entender que Jesus estava demonstrando que um rico teria dificuldades para ser salvo, mas que havia a possibilidade, caso ele se desvencilhasse da proteção das riquezas e se humilhasse diante de Deus, assim como o camelo se ajoelhava para poder gozar da proteção da cidade trancada, passando pelo fundo da agulha. Essa é uma das interpretações do texto.

Com base nesta interpretação, eu **ressignifiquei** o sentido da frase em minha mente, e falei para mim mesmo várias e várias vezes que eu poderia ser rico, ser uma pessoa boa ao mesmo tempo e ir para o céu, que ser rico não era, obrigatoriamente, ir para o inferno.

Antes dessa mudança, eu não conseguia terminar minha faculdade, trancava a matrícula, mudei de instituição várias vezes, mudei de cursos, enfim, meu inconsciente só me sabotava e, é claro, eu não sabia o motivo.

Enfim, não era tão difícil assim um camelo passar no buraco da agulha, sendo a agulha uma porta e não uma agulha realmente. Então, algo que li me influenciou, mudei meu pensamento, minhas emoções, meus sentimentos e "Voilà". Ressignificado. Recordaremos:

Influência = Pensamento = Emoção = Sentimento = Ação = Resultado.

Hoje tenho uma Pós-graduação e um MBA, aprendi mais duas línguas, e estou pesquisando os próximos passos da minha vida acadêmica.

"LEMBRE-SE SEMPRE, ENTRE UMA BATALHA ENTRE SEU CONSCIENTE E SEU INCONSCIENTE, O INCONSCIENTE SEMPRE GANHARÁ!" (CARL JUNG)

Às vezes, para emagrecer, você só precisa ler que tudo que é carboidrato vira açúcar, e você precisa se convencer, lá no fundo, disso. Pesquisar quais alimentos se transformam em açúcar em seu organismo. Às vezes você pode pensar que uma tapioca ou uma cerveja não tem açúcar, mas se estudar a fundo, verá que não é bem assim.

Para sair de uma depressão, algumas pessoas precisam só de uma palavra, de uma ligação, só de um abraço, precisam ler em um site ou livro de que doce pode causar depressão, e simplesmente parar de comer doce, e melhorar. **Ter fé** é o mesmo que acreditar.

Você acha que não tem nada de fé? Já andou de avião? De ônibus? Então já teve fé em outra pessoa, pelo menos.

Podemos concluir que mesmo conscientemente você queira prosperar, mas foi programado em seu inconsciente para o contrário, seu inconsciente prevalecerá.

O autoconhecimento é um grande aliado para prosperar. A ilha só toma conhecimento que é uma ilha quando sai de si própria.

Na PNL, chamamos isso de dissociação. É você se perceber, se conhecer, se desvincular emocionalmente, e se ver de fora, de outra perspectiva, daquela a que está acostumado.

A PNL pode ser usada como ferramenta para o autoconhecimento, existem inúmeras técnicas para isso.

Sem a PNL, meu inconsciente ainda estaria supondo que a agulha seria a agulha de costura, sendo impossível atravessá-la e prosperar na vida.

Descubra o que o bloqueia, use a PNL para se transformar e chegue em lugares que jamais imaginou!

Milagres à venda

Nosso cérebro tem um poder fantástico, leia esta história real:

Derren Brown, um grande hipnotizador e manipulador de mentes, em um reality show na Inglaterra, chamado "Miracles for sale" (Milagres à venda) selecionou algumas pessoas para serem treinadas por seis meses para se tornarem "pastores" de uma determinada igreja, para aprenderem a manipular mentes durante suas pregações "cristãs".

O resultado que pode ser visto na internet buscando-se pelo título "Miracles for sale" foi que o aprendiz, que era um ator na vida real, se transformou em um "pastor renomado", **curando** várias pessoas durante suas pregações em uma grande igreja no Texas.

Fica a pergunta: no mundo espiritual, podemos ser enganados? Ou é nosso inconsciente que pode?

Os líderes religiosos atuais são mesmo ungidos por Deus? Ou ungidos de conhecimento? **Eis o poder da fé.**

No filme "O livro de Eli", percebe-se a ganância pela palavra de Deus para outros fins, é uma ficção, mas que nos remete a pensar a respeito. Somos seres influenciáveis, até mesmo em nosso nível espiritual.

Influências por meio das orações

Para os religiosos essa notícia não é nenhuma novidade. Mas, para quem não acredita em um poder divino, algumas pesquisas feitas nos EUA demonstram que as orações funcionam.

O estudo foi feito pelo médico americano Dr. Andrew Newberg, da universidade norte-americana Thomas Jefferson. Dr. Andrew Newberg é um dos muitos pesquisadores que acreditam no poder da oração e também da meditação.

Foram realizadas pesquisas com quarenta mil pacientes por meio de ressonância magnética, onde o médico selecionou pessoas idosas com problemas de memória e passou a observá-las antes e depois de submetê-las à oração e a meditações por um período de oito semanas.

Segundo Newberg, o estudo mostrou que a oração é como um treinamento físico para o cérebro, que em uma pessoa dedicada à oração há um aumento significativo nos lobos frontais e na área de linguagem do cérebro, que fica ativo quando estabelecemos uma conversa. Ou seja, esse resultado sugere que orar surte o mesmo efeito que conversar com as pessoas.

Além das pesquisas do Dr. Andrew Newberg, outros pesquisadores comprovaram que a oração **tem o poder** de curar e prevenir doenças.

Em uma pesquisa publicada pela revista NewsmaxHealth, o Dr. Harold G. Koenig realizou uma exaustiva análise de mais de 1.500 estudos médicos respeitáveis, indicando que as pessoas que são mais religiosas e oram mais **têm melhor** saúde mental e física.

Além disso, uma pesquisa publicada na revista Câncer, da Sociedade Americana de Câncer, demonstra que pacientes que acreditam em uma força superior reagem melhor aos tratamentos.

Em um dos estudos, uma UTI específica recebia orações de muitas pessoas, e outra não recebia, e o estudo demonstra que os doentes da UTI que recebiam orações tinham melhoras significativas em relação às pessoas que não recebiam orações.

Também já foram realizados milhares de testes com ratos, onde dois grupos eram feridos, e o grupo que recebia orações diárias tinha uma recuperação mais rápida.

A transmissão de cura pelas mãos também ainda é um mistério, mas todos sabemos que acontece.

"A CIÊNCIA SEM RELIGIÃO É CLAUDICANTE (NÃO TEM SENTIDO), E A RELIGIÃO SEM CIÊNCIA É CEGA." (ALBERT EINSTEIN)

Mais um importante estudo, agora da Dra. Kelly A. Turner, Ph.D., em seu livro "Remissão Radical - Sobrevivendo ao câncer contra todas as probabilidades", onde ela pesquisou e estudou 3.500 casos de cura completa do câncer. Vale ressaltar que eram pacientes com fase 4 do câncer, ou seja, com prognósticos da doença avançada. Dessas 3.500, ela selecionou e pesquisou mais a fundo 250 pessoas, de diferentes localidades, condições financeiras e sociais. E durante a pesquisa ela descobriu que todas essas pessoas realizaram 75 ações em comum, e dessas ações, todas as pessoas realizaram 9 coisas em comum, e não foi nenhum espanto quando ela descobriu que dessas 9 ações, 7 eram emocionais, ou seja, apenas mudanças mentais.

As duas mudanças físicas foram:

1 – Mudança de dieta;

2 – Usar ervas e suplementos;

Todas as outras 7 mudanças eram emocionais, entre elas:

3 – Decidiram tomar o controle de sua saúde;

4 – Seguiram suas intuições, não apenas acreditaram nos prognósticos;

5 – Liberaram emoções reprimidas negativas, como liberar perdão por exemplo;

6 – Aumentaram as emoções positivas, ou seja, mudaram também os pensamentos negativos para pensamentos positivos;

7 – Aceitaram o suporte social, ou seja, não se fecharam ou negaram qualquer tipo de ajuda externa;

8 – Aumentaram suas relações espirituais, elevaram suas crenças e praticaram a espiritualidade voltada para a cura;

9 – Buscaram uma razão e um grande objetivo de vida. Às vezes até temos uma razão ou objetivo, mas não focamos ou pensamos nele, até acreditar que vamos morrer.

Com essas **9 ações** em comum, todas as pessoas tiveram a remissão completa do câncer, explica a Dra. Turner.

Na verdade, as duas primeiras também envolvem a mente, pois envolvem mudança de comportamento, de pensamento, emoção, sentimento e finalmente em ações, com o foco na cura.

Pensamentos saudáveis produzem químicas saudáveis em seu corpo, pensamentos tóxicos (negativos), produzem químicas tóxicas.

Pare um minuto para provar isso mentalmente, sem barulho ou agitação em sua volta. Exige apenas concentração.

Pense em um limão sendo retirado por você na geladeira, um limão com uma cor ótima, macio, você sente que possui muito caldo dentro, olhe e sinta o limão, imagine e olhe atentamente para ele, pegue uma faca e corte-o ao meio.

Agora pegue a metade do limão e coloque em sua boca, mentalmente.

Qual a sensação? Salivou? Algumas pessoas sentem até o cheiro, outras até o gosto, algumas fazem até careta, em relação à memória do azedo, somente em pensar no limão sendo colocado na boca.

Apenas o fato de você pensar no limão faz o sistema autônomo estimular o sistema digestivo, o corpo acha que você vai se alimentar naquele momento. A resposta é a produção e secreção de saliva pelas glândulas da cavidade oral.

Seu corpo agiu e produziu apenas com um pensamento. Portanto:

Pensamentos negativos = químicas tóxicas

Pensamentos positivos = químicas saudáveis

O ambiente em que vive também influencia, e muito.

O cientista japonês Masaru Emoto demonstrou que o efeito de palavras, músicas, pensamentos e sentimentos alteram a estrutura molecular da água, e todos sabemos hoje que nossos corpos são compostos por 70% de água.

A técnica do cientista consiste em colocar a água em um pote sob diferentes ambientes e condições, como por exemplo, colocar a água em um ambiente com música clássica, com orações, com pessoas dizendo palavras bonitas, elogios e depois congelar essa água, e tirar uma foto microscópica dos cristais congelados.

O resultado foi que as fotos que ele tirou da água que recebia oração de um monge, por exemplo, era linda e radiante, e a mesma água recebendo xingamentos tinha um formato deformado, feio. As surpreendentes fotos podem ser vistas no livro "A Mensagem da Água", com as descobertas da pesquisa mundial que foi realizada por ele.

Com o trabalho de Emoto ficamos munidos de provas visuais de que as energias vibracionais humanas, pensamentos, palavras, ideias e músicas, afetam a estrutura molecular da água. A mesma água que compreende 70% de um corpo humano maduro e que cobre a mesma proporção do nosso planeta.

Perceba que o pensamento positivo, o amor, a bondade e os sentimentos positivos influenciam todo o nosso ambiente, e o ambiente é uma grande influência em nossa vida.

"DIGA-ME O QUE PENSAS QUE TE DIREI A DOENÇA QUE TERÁS." (JEFFREY SATINOVER)

Um pouco mais de PNL

Mas essa tal PNL, onde mais eu posso usar?

Você se comunica com alguém, todos os dias? Então imagine onde possa usar!

A PNL não é só isso, ela nos ensina a ler pessoas, criar sintonia e aproximação com outras pessoas, a nos fazer entender muito melhor e mais fácil, a nos colocar no lugar de outrem, criar pensamentos positivos, e muito mais.

Imagine um casal, que após algum tempo juntos, começa a ter conflitos no relacionamento, muitas vezes por expectativas do parceiro que não são atendidas, e isso, com o tempo, é claro, desgasta todo o relacionamento.

Tive uma experiência com minha esposa, que gostava de ouvir "eu te amo" diariamente, mas não dava muita bola para presentes e carinhos, ou seja, a predominância dela claramente era auditiva, e eu, sendo sinestésico, acreditava que fazendo carinho, dando presentes e conforto, resolveria tudo. Resultado, é claro, que foi uma crise gigante.

Não adianta só um lado do casal saber dessas informações, que era o caso, eu sabia das predominâncias dela, mas ela não sabia as minhas predominâncias, e simplesmente por não escutar mais palavras de amor, acreditava que não a amava mais, pois era totalmente **auditiva.**

Como resolver a crise? É claro que sempre uma boa conversa e, nesse caso, explicando como age cada perfil, a pessoa do lado A precisa entender que você demonstra seu amor de uma maneira, aceitar e se esforçar para satisfazer as expectativas do outro.

Nesse exemplo, um esforço ao falar "eu te amo" todos os dias, de um lado, resolveu o problema, pois a pessoa, nesse caso a esposa, precisava escutar que era amada, e não apenas demonstrado com gestos e mimos.

Do meu lado, não apenas palavras, mas gestos de carinho eram necessários, pequenas atitudes que, somadas, no dia a dia, alimentavam o amor. A ausência de tudo isso hoje em dia separa famílias e mais famílias. Falta de conhecimento do perfil do parceiro. Cada um vem ao casamento com sua história, costume e predominâncias. Raramente o casamento é perfeito, são necessárias muitas conversas, entendimentos e pequenos acordos entre as partes para durar. Nos dias atuais, raramente vemos isso. Famílias são destruídas a todo segundo, apenas por ignorância.

A **ignorância** é a falta de informação, e todos nós somos ignorantes em algo. Alguns são médicos e ignorantes em informática, outros são gerentes financeiros, ignorantes em gestão de pessoas, outros são pilotos de avião, ignorantes em medicina, e assim por diante, ninguém detém todo conhecimento do mundo. A frase do grande pensador Mário Sérgio Cortella, que diz "somos o vice-treco do sub-troço" é uma verdade absoluta!

Como descobrir se sou mais sinestésico, auditivo ou visual?

Alguns detalhes em sua vida, que não são notados, podem dizer mais sobre você, exemplo: ao estudar, você precisa ler em voz alta (**auditivo**), ou concentrado em silêncio focando apenas na leitura dos olhos (**visual**)? Precisa escrever para aprender mais fácil (**sinestésico**)? Enfim, são algumas pistas, mas um teste simples pode ser mais revelador. Responda e calcule o número de sins de suas respostas:

Para o Visual:

Escrevo tudo para não esquecer?

Gosto de exercícios escritos?

Sou uma ótima pessoa para se localizar em um mapa?

Assisto muitos filmes e tiro muitas fotos?

Alguém malvestido não me cai bem?

Adoro receber flores ou cartões postais?

Odeio quando a tinta da minha casa se desgasta?

Para o Auditivo:

Gosto muito de falar?

Ouço muito rádio e músicas?

Aprendo mais ouvindo?

Palavras me machucam mais que gestos?

Prefiro palestrar ao escrever um artigo?

Dizem que falo demais?

Converso comigo mesmo em voz alta?

Para o Sinestésico:

Gosto de abraçar e dançar?

Tenho boa coordenação motora?

Ganho peso fácil?

Gosto de acariciar animais?

Toco nos outros quando converso com eles?

Um aperto de mão me diz muito sobre a pessoa?

Gosto mais de praticar esporte do que assistir?

Algumas pessoas têm as três predominâncias bem equilibradas, mas geralmente uma predominância sobrepõe às outras. Some os resultados e veja o percentual de cada, é apenas um teste simples, você pode ser 50% sinestésico, 30% auditivo e 20% visual, ou invertidos, não há certo ou errado, há apenas você.

Podemos concluir basicamente que a pessoa auditiva gosta de um bom papo e a inteligência lhe chama atenção por exemplo; a pessoa sinestésica gosta de conforto, prazeres e sensações. Agora as pessoas visuais se encantam mais pela beleza, detalhes e formas.

Qual o poder de influência em tudo isso? Usando as palavras corretas, posso aumentar muito as chances de lhe vender algo, de lhe influenciar ou até mesmo de lhe conquistar. Recorda as frases do médico?

Consciente e **Inconsciente** (alguns chamam de subconsciente). Poderia entrar no campo da Psicologia e falar em ID, Ego, Superego, Self 1 e 2, mas ficaremos no campo da PNL.

A mente consciente é aquela que toma decisões racionais por você, julga o que todos fazem, planeja, é usada como memória de curto prazo. A mente mais racional de um ser humano é desenvolvida no lado esquerdo do cérebro, já o lado direito, onde é mais desenvolvido o inconsciente, é o lado das memórias longas, das emoções, das decisões fisiológicas, funções vitais como respirar e fazer digestão. Novamente aqui, podemos ter um lado mais predominante.

Pessoas com o **lado esquerdo mais desenvolvido** tendem a ser:

— Mais racionais e menos emocionais;

— Mais estudiosas e gostar de exatas;

— Mais inteligentes;

— Mais frias e calculistas;

— Menos influenciáveis;

— Difíceis de hipnotizar;

— Menos praticantes ou não ter uma crença religiosa.

Pessoas com o **lado direito mais desenvolvido** tendem a:

— Ser mais criativas;

— Sonhar mais;

— Ser sonâmbulas;

— Ser emotivas;

— Ser mais espirituais e intuitivas;

— Ser hipnotizadas em segundos;

— Ser facilmente influenciadas por outras pessoas.

"IMAGINE UM ICEBERG, A PONTA É SUA MENTE CONSCIENTE (10%), O QUE ESTÁ POR BAIXO D'ÁGUA É SEU INCONSCIENTE (90%)." (ERNEST HEMINGWAY)

Este é o Iceberg da sua mente.

Faça um teste agora, pegue seu celular, coloque para gravar um vídeo de você mesmo, e somente depois que estiver gravando seu rosto, leia as perguntas na página seguinte e as responda. Faça em um lugar calmo e tranquilo, sem interferências.

Após responder as questões, pare o vídeo.

1. O que eu comi ontem no almoço?

2. Qual a data de nascimento dos meus pais?

3. Qual a cor da camiseta que vesti no último domingo?

4. Qual era o nome do meu melhor amigo de infância?

Repasse o vídeo agora e reveja para onde olha quando responde às questões, repare que você está buscando para cima e/ou para a esquerda (se for canhoto, pode ser invertido, para direita).

Refaça outro vídeo **criando uma história absurda** sobre você.

Normalmente olhamos para um lado específico para **buscar memórias**, e para outro lado para **inventar coisas**. Então podemos facilmente descobrir se estão criando (mentindo) ou buscando realmente sua resposta.

A PNL ensina algumas técnicas para perguntas, de forma que as respostas sejam mais apuradas e sinceras.

Exemplo:

Por que você estudou na área que é formado hoje? As respostas podem vir superficialmente, como: porque gosto, porque me incentivaram, porque me apaixonei pela área.

Mudaremos a pergunta agora:

Quais foram os motivos que o levaram a estudar a área na qual é formado hoje?

Perceba que a resposta não será superficial, você terá que pensar, buscar ou criar as respostas, e é nessa hora que você é descoberto se está mentindo ou não.

São técnicas de leitura corporal usadas por praticantes da PNL.

Perceba que a mente inconsciente não escolhe racionalmente as decisões que toma em sua vida, mas **influencia** e muito em suas decisões conscientes.

Na minha história pessoal sobre dinheiro, a frase dita que o rico não ganharia os céus, levou **meu inconsciente** a tomar uma decisão por mim, a qual **conscientemente** eu não queria. **Racionalmente,** é claro que eu gostaria sim de me formar, e tornar um grande profissional e ganhar muito dinheiro, mas meu inconsciente achava que isso era ruim, e, novamente, em uma briga entre seu consciente e inconsciente, o inconsciente sempre ganhará.

Onde o inconsciente pode nos levar?

A qualquer lugar! É um tema não muito estudado academicamente, pois a tecnologia que usamos para identificar reações cerebrais ainda é a ressonância, que é radioativa e limitada, pois as leituras são imprecisas por falta de conhecimento.

A PNL no Brasil

No ano de 1981 deu-se início à PNL no Brasil, com a criação da SBPNL (Sociedade Brasileira de Programação Neurolinguística), criada por Gilberto Cury, o introdutor da PNL no Brasil.

Também nessa época, as traduções dos livros de Richard Bandler e John Grinder chegaram ao Brasil, por meio de editoras pequenas, com foco em temas terapêuticos. Somente na década de 90 a PNL tornou-se conhecida nacionalmente por meio de escritores como **Anthony Robbins** ou **Dr. Lair Ribeiro**, cujos livros eram voltados à autoajuda e lideraram por meses os mais vendidos no Brasil.

Foi dessa forma, no sucesso do Dr. Lair Ribeiro, que se proliferaram no Brasil livros e cursos de PNL. Os divulgadores de suas práticas, conhecidos como "praticantes" ou do termo inglês "Practitioners", prometiam resultados como cura rápida de fobia em cerca de minutos.

Esses praticantes no Brasil foram formados por meio de cursos ou instrutores que foram autorizados a repassar suas técnicas aqui. Alguns buscaram sua habilitação nos Estados Unidos, nos treinamentos pessoalmente ministrados por Richard Bandler, Roberts Dilts ou Joseph O´Connor.

O nosso inconsciente

Durante alguns treinamentos de PNL, em um deles presenciei uma filha de 31 anos que não falava com o pai sem motivos aparentes, não se davam bem **há décadas.** Mas ao regredir ao passado, ela se recordou de uma **boneca quebrada pelo pai**, que gerou um sentimento de mágoa quando ainda tinha 4 anos. A boneca era seu brinquedo preferido e tinha toda uma história por trás. A mágoa por causa da boneca ficou em seu inconsciente até os 31 anos, quando foi ressignificado, pois, é claro, com 31 anos a boneca já não tinha valor sentimental como tinha aos 4 anos, mas inconscientemente ela ainda guardava a mágoa do pai, e morreria com ela sem saber ou procurar ajuda.

Em outro caso, a pessoa sentia uma dor no peito constante e não sabia o motivo, chegou a fazer muitos exames para tentar descobrir a causa, mas nunca achou nada, e ao regredir ela acreditou ter sido atingida por uma espada em vidas anteriores, como ela acreditava em vidas passadas, ao ser levada de volta na regressão, acreditou voltar algumas gerações atrás e se viu em algumas cenas que ocorreram em sua vida passada.

Em outro caso, de uma garota de 15 anos, barulhos altos a faziam tremer, por fobia a barulhos, devido aos fogos de artifícios que o pai soltou perto de seu ouvido quando tinha 5 anos, desenvolvendo uma fonofobia.

Nesse caso, foram usadas algumas técnicas de terapias em hipnose, levando a pessoa até seu passado, e simplesmente abaixando o tom dos barulhos, revivendo o momento e modificando os sons, as imagens e as sensações, e trazendo-a de volta no tempo, aos 15 anos, ressignificando a causa raiz do problema. Essa é **somente uma** das centenas de técnicas usadas com a PNL e Hipnose.

Então quer dizer que todas as crianças que escutam fogos de artifício na infância, terão consequências, desenvolvendo traumas no futuro? **Não.**

Todos os pais que quebrarem o brinquedo preferido da filha serão eternos inimigos sem motivos aparentes? **Não.**

Todos possuem crenças de vidas passadas? **Não.**

Depende de cada momento, história e detalhes de quando ocorrem as ações, e se sua mente está aberta ou não a receber aquilo. Depende de cada mapa mental. Ninguém é igual a ninguém.

Imagine que o cérebro de uma criança é uma esponja de lavar louça, uma hora você deposita uma gota de gritos, outra hora de carinho, outros momentos de violência, filmes de terror, tiros, jogos de armas, vídeos influentes, é claro que uma hora ou outra uma gota desse conteúdo consciente vai transbordar a esponja, atravessando para o **inconsciente.**

Chegando no inconsciente, o caminho de volta é mais difícil, mas não impossível.

Para nosso inconsciente **não existe tempo!** Você nunca cresce! O tempo não passa, e para ele não existe a palavra não.

Tente não pensar: Não pense em uma caneta BIC!

Antes de negar a caneta, você precisa pensar nela! Para depois negar.

O fato é que o comando é recebido pelo inconsciente como: pense em uma caneta BIC, agora negue o que pensou. Por isso especialistas recomendam que ao falar com seu filho para não fazer algo, fale no positivo. Exemplo:

Substituir:

"Não pule daí", usando "fique onde está, que vou lhe pegar";

"Não faça barulho", por "fique quietinho";

"Não chore", por "pare de chorar e converse comigo".

O comando é aceito com mais precisão, já que o racional da criança ainda não é muito desenvolvido.

"VOCÊ TEM QUE TREINAR SEU CÉREBRO PARA SER POSITIVO, ASSIM COMO VOCÊ TREINA SEU CORPO." (SHAWN ACHOR)

Por qual motivo uma boneca quebrada pode gerar um trauma na criança e perdurar o resto da vida?

Novamente, para o inconsciente **não há tempo**, ele guarda excepcionalmente tudo o que você vê, escuta e sente. O sentimento sobre aquela boneca que era tão querida por você em sua infância, mas que hoje racionalmente não tem mais nenhum valor para você, está lá embaixo do iceberg esperando ser resolvido, e se você não se autoconhece nunca irá descobrir e superar o trauma.

Pessoas que sofrem na infância **podem** usar isso como força para seguir em frente, e muitas o fazem, tornando-se grandes pessoas ou profissionais, outras serão bloqueadas pelo **mesmo motivo**. Nosso inconsciente é uma caixa de surpresas!

Filmes de terror, seriados, jornalismo sensacionalista violento e novelas podem sim influenciar seu inconsciente em decisões futuras sem que você saiba disso.

Nosso cérebro, ao dormir, **descansa o consciente,** mas o inconsciente **nunca descansa,** é na hora do sono que o inconsciente vai pegar tudo o que você ouviu, sentiu e viu durante aquele dia, sintetizar e vai decidir o que guardar e dar mais valor. Isso se chama Neuroplasticidade, você não tem controle sobre isso, apenas tem controle no que recebe de informação durante o dia, **em partes.**

Imagine que ao dormir você não escutasse o barulho do alarme do carro ou do portão se abrindo? Não acordasse com o despertador no início do dia? Por qual motivo isso acontece? Porque seu inconsciente **não dorme,** seu sistema auditivo continua lá, trabalhando, e às vezes até escolhe o que deve ser absorvido ou não. Exemplo:

Por qual motivo, ao escutar seu cachorro latindo à noite, você acorda, mas seu telefone tocando mensagens recebidas você não acorda?

Ou o contrário, você acorda com o celular à noite, pois pode ser seu chefe ligando para informar o resultado de um problema que passou durante o dia, e com o latido do cachorro não. É seu inconsciente que tomará essa decisão e o avisará ou não. Não é uma decisão racional, até porque você estará dormindo, certo?

Atualmente, muitas pessoas acham que há diferença entre malhar o corpo e malhar o cérebro, com exercícios, por exemplo. Mente e corpo são um só. Tudo o que você faz em cima (mente) afeta embaixo, e tudo que você faz embaixo afeta em cima. A partir de agora não os separe, pois agora entende que é um único sistema.

Consciente versus Inconsciente

Ao aprender algo, existem alguns passos entre o consciente e o inconsciente que você pode aprender.

Quando temos experiências de aprendizado, o cérebro passa por algumas etapas, vamos exemplificar com o aprendizado de um **idioma novo:**

1- Inconsciente Incompetente (I.I.):

Nessa fase, a pessoa provavelmente é uma criança e não tem noção do que é Português-Inglês, você não sabe que não sabe, ou seja, não tem noção de nada e nem sabe o que é.

2- Consciente Incompetente (C.I.):

Nessa fase, a pessoa **sabe o que é** a língua inglesa, porém, não sabe falar nada ou está no início do aprendizado. Ela sabe o que é, **e que precisa aprender** e praticar mais.

3- Consciente Competente (C.C.):

Agora a pessoa **sabe o que faz**, onde buscar a informação, sabe como aprender mais, teve um progresso significativo, enfim **aprendeu**, mas talvez ainda não tenha total fluência no novo idioma.

4- Inconsciente Competente (I.C.):

Aqui você fala sem pensar, sem traduzir todas as palavras mentalmente, vem na mente naturalmente, sem demora, aqui você é fera e até ensina outras pessoas como fazê-lo. Chamamos de maestria, a pessoa executa aquilo com maestria. Aqui as tarefas já foram tantas vezes executadas por você, que saiu do campo **consciente** e foi para o **inconsciente, é executado automaticamente.**

Você provavelmente é maestro em alguma atividade, seja falando outra língua, seja dirigindo um carro sem preocupação, seja estudando um determinado assunto, ou exercendo alguma atividade no qual é reconhecido por isso.

E como podemos influenciar nosso inconsciente?

Uma das formas é quando dormimos e atingimos o estágio de sono R.E.M (Rapid Eye Moviment), ou traduzindo, movimento rápidos dos olhos, onde acontecem os sonhos mais realistas, que podem durar até duas horas.

Nessa hora do sono R.E.M, o consciente está totalmente dormente, e o inconsciente aflorado, nesse momento você pode **induzir** seu filho, por exemplo, falando-lhe ao ouvido, frases do tipo:

— Você é especial;

— Você é muito inteligente e estudioso;

— Você é um homem de bom coração;

— Você é uma pessoa de sucesso;

— Você é um ser humano que conquista todos os seus objetivos;

— O papai te ama tanto!

Note nas frases acima que nenhuma delas está no passado ou futuro, ou mesmo são negativas.

Lembre-se de que para o inconsciente não há passado e futuro, caso você diga para seu filho: você será uma pessoa feliz, o inconsciente **pode rebater**: opa, espere aí, quando serei feliz?

Se disser: Você não é uma pessoa triste! O inconsciente **ignora** o "não" e o que temos? Você é uma pessoa triste!

"PERCEBA O QUE UMA CRIANÇA PODE ABSORVER NO ESTADO R.E.M QUANDO VOCÊ DEIXA A TV LIGADA A NOITE! OU AO TER RELAÇÕES SEXUAIS NO MESMO AMBIENTE QUE ELA." (RODRIGO OLERIANO)

Lembre-se sempre, nosso auditivo nunca dorme!

Quando **criança**, o período do estado R.E.M pode ser claramente notado após 2 horas de sono, através dos movimentos rápidos dos olhos, e pode perdurar por até 120 minutos, porém, quando ficamos mais velhos, esse período de sono R.E.M diminui. Quanto mais novo, mais R.E.M, mais absorção de conhecimento, mais sonhos, mais o inconsciente trabalha.

Após o estágio R.E.M, acontece a Neuroplasticidade, onde seu cérebro pega todas as informações que recebeu durante o dia, **sintetiza** tudo e guarda na memória de longo prazo (inconsciente).

Mas quando somos adultos, como fazemos isso?

Recordaremos os quatro passos de aprendizado do inconsciente e consciente:

1 – Inconsciente Incompetente (I.I);

2 – Consciente Incompetente (C.I);

3 – Consciente Competente (C.C);

4 – Inconsciente Competente (I.C).

Como atingir o nível 4? Onde seu inconsciente faz aquilo com **maestria**.

A resposta é: vendo, escutando, praticando, fazendo, experimentando e sentindo, obtendo conhecimento o máximo que você puder.

A PNL informa que tudo o que se faz seguidamente por 21 dias vira hábito. A PNL tirou essa média de um estudo, porém pode variar, pois, como já falamos, cada ser humano tem o seu mapa mental, portanto, influências externas influenciam nesse período. Do hábito vem a maestria no resultado. Somente com o **inconsciente totalmente treinado** você entrará no automático e fará aquilo com maestria, como você faz com o automóvel, depois de meses de prática já não fica mais com medo, já não precisa prestar atenção nos retrovisores, pois sua mente o faz automático.

Lembra-se de que no início você tinha que pensar até em que marcha você estava? Não conseguia mudar a marcha e escolher a música ao mesmo tempo? Recorda-se que ao mudar a marcha você a contava? Marcha 1, marcha 2, marcha 3, marcha 4... após seu inconsciente devidamente treinado, isso se tornou automático. Você se tornou **maestro** nessa tarefa.

Como então eu elimino um vício? Emagreço? Acabo com fobias? Mudo de vida? Mudo meus hábitos? Como atinjo meus sonhos? Como mudo um comportamento?

Pergunta de um milhão de dólares, não é mesmo? Alguns diriam trabalhe duro, pense positivo, crie sua "sorte". A resposta pode ser: treine seu inconsciente que ele mudará seus pensamentos, emoções, sentimentos, suas ações e, consequentemente, seus resultados. Iremos falar sobre isso mais à frente.

Como treinar seu inconsciente

Apenas treine seu inconsciente para o que você quer, até ele entrar no modo automático, mas como?

Existem algumas formas de convencer seu inconsciente do que você quer e atingir seus resultados, aqui vão quatro formas:

Primeira técnica: o bombardeiro de informações

A maneira mais fácil, barata e inteligente, para mim, de atingir seu inconsciente, é de se bombardear de informações durante o dia, para que à noite chegue em seu inconsciente. Seu cérebro capta todas as informações durante o dia por meio de seus cinco sentidos, ou seja, o que você viu, ouviu, sentiu, experimentou e pensou durante todo aquele dia, ao dormir, após aproximadamente duas horas de sono, você entra em estado R.E.M, e após o estado R.E.M, há a neuroplasticidade, onde seu cérebro pega tudo aquilo que recebeu, **filtra**, e os **salva** no inconsciente, ou seja, tira da memória curta e passa para memória longa, parece um pouco com um computador, certo?

Não adianta querer emagrecer, mas ficar assistindo programas culinários, ver vídeos de pratos serem feitos na internet, ter estímulos contrários ao seu objetivo.

Se bombardeie de vídeos que ensinam dietas, de produtos que coma e podem lhe fazer bem emagrecer, pesquise sobre seu problema de saúde ou objetivo o máximo que puder, quanto mais informação **positiva** sobre o assunto conseguir adquirir, mais irá **treinar** seu inconsciente.

"PARE DE VER TV ABERTA AGORA, REALMENTE É UM VENENO MENTAL, POIS VOCÊ NÃO ESCOLHE O QUE VERÁ, ESCOLHEM POR VOCÊ." (RODRIGO OLERIANO)

Não é à-toa que o ser humano que guarda mais rancor e raiva é o que pode ficar facilmente mais doente. Aprenda a perdoar e se afaste de pessoas tóxicas. Não deseje mal a alguém, pois sempre doamos e desejamos do que estamos abundantes.

Qual a energia que você gasta pensando em pensamentos negativos? A mesma energia dos positivos? Quando se pegar pensando negativamente como: não vou conseguir, não terei dinheiro ou não vou superar, reverta imediatamente com pensamentos opostos. Pense: eu consigo, eu posso ganhar dinheiro e sempre supero meus obstáculos! Lembre-se de não pensar **negativamente**, ou com pensamentos no **futuro** ou no **passado**, não existe tempo para inconsciente. O pensamento "Eu vou superar", pode nunca chegar. Eu simplesmente supero! Estou superando, mesmo que ainda não tenha ocorrido, mas irá, está em processo de superação, confie, tenha fé.

Portanto, se você está com alguma doença, sugiro pensar diariamente:

— Eu acredito no poder da cura, me sinto melhor a cada respiração, meu corpo está em processo de cura e estou me sentindo melhor.

— Se você tem fé em algo, acredite realmente naquilo, as probabilidades de acontecer serão bem maiores se você acreditar.

Bombardeie-se de informações durante o dia, que ao dormir, quando acontecer a neuroplasticidade, seu cérebro pegará todas as informações que recebeu, sintetizará e passará para o inconsciente. Essas informações influenciarão seu inconsciente, portanto, cuidado ao que irá deixar entrar em sua mente durante o dia.

Segunda técnica, a catarse

A forma mais rápida de atingir o inconsciente, mas às vezes pode ser a mais dolorida, chama-se Catarse.

A Catarse é o atingimento de um estado emocional máximo, no estado psíquico do ser humano, algumas vezes perturbador, liberando e criando traumas e até mesmo gerando curas e doenças psicossomáticas.

Exemplos de catarse:

A - Aquela pessoa que chega em você e diz: "Você está gorda demais, pode morrer logo!"

Isso pode lhe causar uma fúria interna, chegando ao nível do inconsciente, onde o inconsciente trabalhará a partir daquele momento, a todo custo, a lhe auxiliar no emagrecimento, a estimulando nos pensamentos, emoções, sentimentos e ações. A imagem ou o som da pessoa lhe falando essa frase pode lhe **influenciar** e motivar a ir à academia todos os dias! No fundo, a pessoa lhe ajudou muito. **Mas** o contrário pode ocorrer também, você pode escutar aquilo e se jogar da próxima ponte que passar, pois acreditou verdadeiramente no que lhe foi dito. Tudo depende de como foi programada, quais seus valores, crenças, história de vida, enfim, do seu mapa mental. Aqui acontece a catarse, o expurgo de algo que estava preso dentro de você, e isso pode ser extraordinário para sua vida, ou **catastrófico.**

B – Outro exemplo de catarse é o pastor da igreja falar exatamente o que estava querendo ouvir naquele momento.

Por segundos, seu corpo responde dos pés à cabeça com calafrios, e você tem a certeza de que aquilo lhe **"tocou"** profundamente. Você acreditava e esperava o milagre. Ocorreu o impossível para você, e como resultado, a catarse, aquilo chega ao seu inconsciente **como um foguete.**

C – Outro tipo de catarse é quando você chega em um limite de emoção, por exemplo, de raiva que não consegue segurar mais, e sai aos gritos e socos em objetos, em histeria, descontando toda a sua raiva.

Nesse momento também há catarse, e os resultados podem ser bons, **ou não.**

D – Outra disparadora de catarse é a música.

Ao escutar determinadas músicas, em determinados momentos, nossas emoções tomam conta, e as lágrimas caem.

Repare que a maioria descrita aqui é auditiva, ou seja, seus gatilhos são disparados com a indução por meio do som.

Uma das técnicas que uso é gritar dentro do carro quando estou dirigindo sozinho, escutando músicas motivadoras, dizendo coisas positivas, deixando aflorar as emoções e provocando a autocatarse, focando claro nos resultados que eu busco.

Existem, hoje, vários treinamentos que usam a PNL com o objetivo de se **obter a catarse.** Pessoas e mais pessoas são induzidas nesses treinamentos motivacionais, e saem maravilhadas desses treinamentos, depois que o fazem são induzidas a levar até mesmo seus vizinhos a fazerem o mesmo.

Em teoria, esses institutos estão brigando entre si para lhe provocar a catarse e obter ganhos financeiros, alguns resultados são ótimos, outros catastróficos. A verdade é que esses institutos não conseguem acompanhar o pós-treinamento de cada um e validar os resultados.

Quando minha ex-mulher fez este treinamento, resolveu se separar. Na mesma época, um amigo deixou a área de tecnologia e assumiu sua vida homossexual, mudou-se para o nordeste e tornou-se cabeleireiro, que era seu grande sonho.

Famílias e mais famílias tiveram o perdão e o amor restabelecidos entre si, como o caso da menina da boneca quebrada. Com certeza resultados excepcionais, porém, quando há resultados negativos, a responsabilidade não é de ninguém, e esse ser humano que fez o treinamento se isola do mundo e nenhum tipo de acompanhamento pós-treinamento é feito.

Quais foram os impactos negativos daquelas catarses ocorridas durante o treinamento? Não há? Nunca foram avaliadas? Não se consegue medir? Enfim, nem mesmo profissionais da área conseguem prever ou avaliar o que ocorre na mente de cada ser humano.

"FOCO, FOQUE NO RESULTADO E BOMBARDEIE-SE DE INFORMAÇÕES, O SEU RESULTADO MUDA QUANDO VOCÊ MUDA." (RODRIGO OLERIANO)

Terceira técnica, a imaginação

A terceira forma de potencializar o que vai para seu inconsciente é a imaginação:

Imagine você sendo curado, qual seria sua alegria, como você reagiria? O que sentiria? O que falaria? O que veria? Que contribuição daria ao universo sobre isso após sua cura? Ajudaria o próximo? Amaria mais? Perdoaria? Faria uma ação de bondade? Isso se chama "fazer uma ponte ao futuro". Apenas imagine, é mais fácil do que pensa.

Imagine-se magra, com seus sonhos realizados, como seria? Quais seriam as sensações? O que as pessoas lhe falariam? Como você se vê atingindo seus sonhos?

Posso lhe provar que isso funciona:

Imagine que não sabe o significado da palavra 'fork' em Inglês (que é garfo), agora associe essa palavra com alguma outra que conheça, por exemplo a palavra 'enforcar', que tem a palavra 'forc' em sua fala.

Pare e imagine por três segundos, você en**forc**ando um garfo, e o garfo gritando de desespero, e você rindo muito da situação do garfo, e ele gritando para largá-lo.

Se você parar para imaginar, se realmente imaginar, seu cérebro irá criar as imagens, você estará na ação, haverá uma emoção na ação, ao mesmo tempo você associou-se ao contexto.

Se você imaginou realmente o garfo sendo enforcado por você, tendo as imagens claras e coloridas, gerando alguma emoção, é muito provável que nunca mais você se esqueça a tradução da palavra fork.

Faça o mesmo com a palavra wheel (roda). Imagine o **Will** Smith trocando o pneu do seu carro porque furou na estrada. Abrindo seu porta malas, pegando o estepe e trocando para você, e se ele ainda depois dançar a música do "Maluco no pedaço". Hilário não? **Se realmente imaginou**, nunca mais esquecerá o significado de roda em Inglês, pois associou o nome Will com wheel (roda), colocou-se na ação, obteve uma emoção e sentimento de resultado. **Está no seu inconsciente** para sempre, e em um lugarzinho associado com algo que lembre mais facilmente.

Reforçando: Imagine-se curada, coloque emoções, imagens coloridas, suas reações e benefícios (resultados). Faça uma ponte ao futuro e boa sorte!

Essa técnica pode ser usada para qualquer tipo de resultado: Seja falando outra língua, comprando uma casa, sendo curada, superando um grande problema, enfim, qualquer sonho.

Inventei uma técnica para facilitar esse exercício. Use a técnica do R E^2I: (rei ao quadrado, ou elevado a 2)

Resultado	R
Eu na ação e Emoção	E^2
Imagem	I

Imagine-se formada, curada, com o corpo que deseja, coloque imagens coloridas, coloque emoção na ação, veja-se no futuro e seus resultados. As chances de chegar lá são bem maiores. Se auto bombardeie de imagens desse tipo diariamente, os resultados do seu foco **lhe surpreenderão.**

No filme "O Segredo", uma pessoa **"apenas"** imprimiu a casa dos sonhos e fez um quadro, olhava e almejava tal quadro **todos os dias.** Depois de um tempo, se mudou de casa, e perdeu o quadro durante a mudança. Morou alguns anos naquela casa nova e depois mudou-se novamente para **outra casa bem maior**, por fim, em sua última mudança, encontrou o quadro da casa que sonhara, e descobriu que **era exatamente a casa da foto** que tinha comprado, que tanto sonhara e desejara.

Use essa técnica para qualquer objetivo profissional ou pessoal, você chega lá, com determinação e vontade você sempre chega lá.

"SEJA VOCÊ QUEM FOR, SEJA QUAL FOR A POSIÇÃO SOCIAL QUE VOCÊ TENHA NA VIDA, A MAIS ALTA OU A MAIS BAIXA, TENHA SEMPRE COMO META MUITA FORÇA, MUITA DETERMINAÇÃO E SEMPRE FAÇA TUDO COM MUITO AMOR E COM MUITA FÉ EM DEUS, QUE UM DIA VOCÊ CHEGA LÁ. DE ALGUMA MANEIRA VOCÊ CHEGA LÁ."
(AYRTON SENNA)

Quarta técnica, a hipnose

A Hipnose é quase que a soma das técnicas anteriores.

A hipnose é um estado de consciência "dormente" no qual a camada do inconsciente toma a frente enquanto a camada consciente fica em segundo plano. No estado **consciente comum** é o contrário, logo, mais difícil se conectar com o inconsciente.

De fato, estudos com ressonância magnética demonstram que o córtex pré-frontal fica mais inibido e o sistema límbico mais ativo em estado hipnótico.

Desse modo, o estado de hipnose facilita o acesso e a ressignificação dos conteúdos do inconsciente como emoções, memórias, imaginação, hábitos, traumas, vícios.

Um exemplo bem simples e comum desse estado de hipnose é assistir a um bom filme que nos prende a atenção e nos emociona. Perceba como entramos na história, esquecemos nossos problemas e suspendemos os julgamentos, se é real ou não, deixando-nos levar pelo filme. Por outro lado, quando continuamos a pensar que é apenas um filme, simplesmente não entramos na história e de fato não nos emocionamos.

Esse exemplo demonstra que hipnose não é sobre ficar inconsciente ou perder o controle. Assim como isso não acontece enquanto assistimos a um filme, isso também não acontece em uma sessão. Hipnose é sobre estar focado, mais imaginativo, mais emotivo e mais sugestionável. Uma vez que as barreiras críticas do consciente **estão mais baixas**, as sugestões penetram mais facilmente em nossa mente inconsciente. Por esse motivo que o cinema e a televisão têm grande impacto na cultura e no comportamento de uma sociedade, pois influenciam nosso inconsciente o tempo todo.

Em uma sessão de hipnose, esse estado mental é alcançado por meio das chamadas induções. O objetivo delas é promover um relaxamento físico e mental característico da hipnose e a ressignificação dos problemas. Em resumo, ela **abre o caminho** até seu inconsciente.

Hipnose é pura ciência, não seja ignorante em pensar que envolve crenças religiosas ou espiritualidade, porque não envolve.

"SEU INCONSCIENTE É DEFINITIVAMENTE VOCÊ, POIS QUANDO CONVERSA COM ELE, ESTÁ FALANDO CONSIGO MESMO." (SIDNEY PETRIE)

Quando não é o seu foco

Em 2015, removi parte do meu pâncreas por conta de dois tumores, cheguei bem perto da morte, as previsões eram de 30% de cura, de até 15 dias na UTI e até 2 meses no hospital e possíveis tratamentos quimioterápicos.

Como eu tinha acabado de adotar o pequeno Daniel, que tinha apenas 5 meses na época, eu sabia que tinha um serzinho fora do hospital esperando e dependendo de mim, eu não só venci a doença como fiquei apenas 1 dia na UTI e apenas 1 semana no hospital.

Meu foco estava em cuidar do pequeno Daniel, custasse o que custasse e assim foi feito. Meu cérebro trabalhou a mil por cento por mim a fim de alcançar meu objetivo, eu só pensava em sair do hospital rapidamente para ficar com ele, já que ele não poderia me visitar, e mesmo que o fizesse, seria muito arriscado para a saúde dele.

Nem quimioterapia foi necessário, pois o tumor maligno estava coberto por um maior e benigno, me protegendo. Era um benigno me protegendo do maligno. O médico disse que era um milagre tal fato e tal recuperação.

Agradeço a Deus, às pessoas que estiveram comigo nesse momento, às orações e à minha vontade de viver, pois sei que tudo isso contribuiu para minha recuperação e especialmente ao pequeno Daniel, minha missão de vida.

Mas mesmo depois de adquirir um tumor por conta da ingestão exagerada de açúcar, mesmo após contrair diabetes e passar perto da morte, eu não deixei de comer açúcar, pois o **foco** e todo meu **pensamento** estava no pequeno Daniel. Mesmo eu tendo sofrido muito no pós-cirúrgico, pois não se pode comer nada por uma semana, com todo o sofrimento que tive, perdi 15 quilos, e ainda assim, não deixei de comer açúcar, pois simplesmente **não era o meu foco.**

Hoje o pequeno Daniel está com 4 anos de idade, e somente hoje eu consegui deixar o açúcar, e vou contar como fiz para convencer meu inconsciente de que ele precisava fazer isso por mim, por nós.

Primeiramente, eu fiz algumas regressões mentais para saber o motivo de comer tanto açúcar, e alguns pensamentos vieram à cabeça como:

- Comer, comer êeeeeerr comer êeeeerrrr, é o melhor para poder crescer! Típica canção que escutava na escola.

- Limpe o prato porque tem gente que não tem nada para comer! Falado ainda por muitos pais hoje aos filhos.

- O simples fato de ter passado fome ou vontades na infância, vontades de comer algo que meus pais não podiam comprar, e hoje poder comprar o que quero e me satisfazer das necessidades que passei me faz comer mais, pois tento "compensar" o que não tive na infância.

- Lembrei-me de um dia, de uma pessoa evitando uma briga comigo, pois disse que eu era grande demais para ele. Meu inconsciente logo pensou, para me tornar grande eu tinha que comer bem (muito), esse era meu inconsciente tomando uma decisão por mim em minha adolescência.

Note que uma regressão não precisa ser feita por outra pessoa, apenas pare, em um lugar calmo e silencioso, e foque em tudo aquilo que gostaria de lembrar sobre o tema que você busca. Busque as relações e associações que sua mente pode ter feito sobre o tema. Lembrar-se de um prato que comeu ontem, por exemplo, já é uma regressão mental, você só precisa ir um pouquinho mais para trás na linha do tempo, e faça **linearmente.** Cuidado para não associar regressão com regressão de vidas passadas, é outro tema totalmente diferente que envolve crenças, espiritualidade e não seria o caso aqui.

Enfim, esses pensamentos eram limitantes e estavam em meu inconsciente **como algo positivo**, me forçando a comer "bem" (muito), mas **conscientemente** eu não conseguia parar de comer açúcar, não tinha força de vontade o bastante, parecia ser um vício.

Depois que comecei a bombardear minha mente com vídeos falando sobre o açúcar, sobre emagrecimento, sobre saúde, um dia eu assisti um vídeo sobre saúde do Dr. Lair Ribeiro no Youtube, e li alguns comentários desse vídeo, e nesses comentários estava uma bióloga, que dizia que o açúcar era uma droga, que vinha da cana-de-açúcar, cujo nome científico já tinha sido "Cannabis Dulce", mas que foi alterado por razões mercadológicas.

Quando eu associei o açúcar ao vício de álcool, que provém aliás da mesma planta, e que biologicamente tanto o álcool quanto o açúcar causavam dependência, Eureca!

Eu tinha descoberto que o açúcar, então, era uma espécie de droga e os vícios em drogas eram totalmente contrários ao meu comportamento, minhas crenças e valores, feriam a minha identidade, o meu ser.

Sempre, em minha vida toda, repudiei vícios como álcool, cigarro e drogas, e tinha achado então uma forma de atingir meus níveis neurológicos de crenças e valores, e convencer então meu inconsciente, finalmente, a parar de comer açúcar. Afinal era um vício maléfico que eu não queria para mim ou para minha família. Também precisava dar o exemplo a meus filhos.

Aliás, um amigo que usa drogas, que mora em minha rua até hoje, já tinha me falado que o açúcar também era um vício, ele tinha me avisado de outra forma, mas eu não prestei atenção no que ele falou, simplesmente por achar (julgar) que ele não tinha autoridade para falar tal coisa, sendo ele um viciado em drogas.

Um dia ele me falou: "Eu sou viciado em drogas, mas e a minha irmã? Aquela obesa viciada em comida, ela tem o mesmo vício que eu e fica me julgando", completou ele. Mas por ele não estar sóbrio, no dia, eu nem dei ouvidos. Talvez você o esteja julgando agora mesmo.

Isso prova que mesmo uma nutricionista obesa pode lhe ajudar. Se seu consciente não for pelos olhos e julgá-la por ser obesa, ela ainda pode ter autoridade sobre você e fazer a diferença em sua vida. Se eu tivesse escutado meu amigo 4 anos atrás, eu teria parado com o vício do açúcar lá atrás.

Foi somente após ver vídeos de médicos falando, ou seja, autoridades no assunto, que eu consegui me convencer de tal coisa.

Nosso cérebro aceita melhor as informações quando a informação vem de autoridades. Autoridade pode ser um amigo, um profissional, um líder, um pastor, enfim, alguém que você pense, acredite ou saiba que é um dos melhores no assunto, ele tem autoridade segundo suas crenças, para o **influenciar em algo.**

Um dos testes sugeridos em um dos vídeos foi parar de comer açúcar por 2 dias, e ver as reações de abstinências, como tremedeira, dor de cabeça, nervosismo. E foi exatamente tudo isso que ocorreu comigo no segundo dia. Eu precisava ingerir açúcar urgentemente. Estava me diagnosticando então como viciado em açúcar.

Após bombardear meu cérebro com tanta informação ruim sobre o açúcar, hoje quando olho produtos açucarados como doces, balas, sorvetes, me vem na hora um repúdio interno, uma espécie de nojo, que me dá forças para não o comer. Antes era irresistível, cheguei a comer mais de 20 picolés em um dia.

Através da influência que tive, apenas lendo o comentário da médica, **mudei meus pensamentos**, que agora me geram outros tipos de emoções, que me geram o sentimento de repúdio. Vem de dentro para fora, como explicado antes.

Com a hipnose, esse tipo de resultado é conseguido em apenas pouquíssimas sessões, pois você pode ser induzido a pensar que o açúcar é algo nojento ou maléfico em sua vida, diretamente inserido em seu inconsciente por um profissional.

Após 21 dias consecutivos, o ato de não comer açúcar vira um hábito, meu inconsciente colocou a marcha automática e segue em frente sozinho, sem dores ou sofrimentos, virou uma "coisa normal", uma rotina.

Minha mente entrou no Inconsciente Competente. Na fase 4, em breve atingirei a maestria.

O número 21 pode não ser exato para algumas pessoas, pois como disse antes, cada ser tem seu mapa mental, suas crenças, e levando-se em conta fatores externos como ambiente, alimentação, saúde, esse número pode variar para menos ou para mais. Esta é apenas uma média estudada pelos praticantes da PNL. A ciência, por exemplo, em estudos recentes, fala-se em 66 dias.

De acordo com os estudos mencionados pelo psicólogo Jeremy Dean em seu livro "Making Habits, Breaking Habits: Why we do things, why we don't, and how to make any change stick" (Criando hábitos, quebrando hábitos: Por que fazemos as coisas, por que não fazemos e como fazer qualquer mudança), leva-se em média 66 dias para que alguém adquira um novo hábito. Mas esse número é uma média e ele variou bastante de indivíduo para indivíduo e, claro, dependeu dos hábitos. Beber um copo de água depois do café da manhã, demorou cerca de 20 dias para se transformar em hábito. Exercitar-se levou 84 dias para virar hábito para um dos participantes de seu estudo. O número 66 foi a média desse estudo.

Você pode usar essa linha de pensamento não somente para emagrecer, mas para todos os seus objetivos na vida.

Daí me pergunto: **Como não pensei nisso antes?** Antes do tumor, antes da diabetes, antes do sofrimento e da grande cirurgia?

Não pensei porque não tinha influência ou a informação sobre o assunto, não era meu foco, antes do tumor no pâncreas eu nem sabia o que era diabetes.

Este livro é para que você tenha essas informações e saiba na prática como fazer e não simplesmente escutar sempre: só pensar positivo, trabalhe duro.

Os pedreiros trabalham duro e levantam de manhã todos os dias, são milionários?

Limpando o prato você estará ajudando, de alguma forma, as pessoas ao redor do mundo que passam fome? O que deixar no prato irá para elas? Ou para o lixo? Realmente precisa comer tudo?

Coisa fantástica esse tal conhecimento, não? Vidas são alcançadas por ele. Sabendo aplicá-lo, então, para ajudá-lo, melhor ainda.

"FELICIDADE NÃO É A CRENÇA DE QUE NÃO PRECISAMOS MUDAR, É A PERCEPÇÃO DE QUE PODEMOS." (SHAWN ACHOR)

Crenças e valores

Já ouviu falar em crença religiosa, correto? Mas existem muitas outras.

Crenças são **generalizações** sobre tudo aquilo que você acredita. Acreditar é o mesmo que ter fé. São programações mentais que foram feitas em você, e geralmente a grande maioria ocorre na infância.

Você tem a crença de que seu time é o melhor, mesmo que mostrem dados de rankings mundiais a você onde, independente de qual colocação seu time estiver, você crê que ele é o melhor e ponto.

Existem as crenças **positivas** e as **negativas**, que o limitam.

Uma crença negativa é aquela na qual você acredita piamente que sempre será pobre, que a felicidade só será encontrada ao atingir a riqueza. Essas crenças partem do seu inconsciente. Por isso é tão "difícil" mudá-las. **Robert Dilts** ensina algumas camadas para se provocar mudanças, e as crenças e valores compõem uma dessas camadas.

A PNL o ajuda a identificar as crenças negativas, eliminá-las ou diminuir o poder de influência interna sobre você e ajuda a fortalecer as crenças positivas, como: eu consigo, eu mereço, sou inteligente, sou honesto.

Não adianta você ter o melhor computador do mercado **com software antigo não é mesmo?** O mesmo ocorre conosco, às vezes se passam séculos e continuamos com algumas crenças antigas, vou ilustrar nessa história real e engraçada:

É o primeiro jantar de Natal do casal, a esposa coloca o peru assado na mesa, o marido olha a ponta de cima do peru cortado, removido, e então pergunta:

- Amor, por que a ponta de cima do peru foi cortada?

A esposa responde: Porque minha mãe **sempre fez assim!**

E foi ele então até a sala perguntar à sogra:

- Minha sogra, por que a senhora corta a ponta de cima do peru para assá-lo?

E a sogra responde: Não sei, minha **mãe sempre fez dessa maneira.**

Após algum tempo, chega a mãe da sogra, e ele, curioso para saber a resposta, pergunta: Senhora, por que sempre cortou a ponta de cima do peru assado de Natal?

E ela responde: Porque não cabia no meu forno meu filho!

Note que essa "crença" foi passada de geração em geração, sem questionamentos ou esclarecimentos, fazia-se daquela forma, era a única e ponto.

Perceba que essa história é uma coisa banal, um peru assado, porém, pode dar-se em várias partes de sua vida, seja no amor, na religião, na vida financeira.

Se você acreditar que a PNL não funciona, realmente ela não funciona.

Valores costumam vir de crenças, valores como amor, integridade e suas importâncias. Por exemplo, se eu lhe perguntar o que você tem de valores, é certo que crenças virão à sua mente antes de responder sobre valores, ou seja, primeiro as crenças, depois os valores.

Note que existem técnicas para mudar seus comportamentos, seus sentimentos, seus pensamentos, descritos anteriormente.

O mesmo processo da **teoria da influência** pode ser usado para mudar uma crença limitante. Lembra da frase bíblica sobre o camelo no buraco da agulha? Era uma crença limitante. Somente após eu ter ressignificado o sentido dessa crença eu a alterei e consegui obter resultados em minha vida profissional e financeira.

O Inri Cristo acredita que é Cristo tanto quanto você acredita ser um ser humano! Você pode criticá-lo, mas fazemos coisas parecidas o tempo todo, acreditamos em algo, mesmo muitos discordando de nós.

E se você acredita que uma crença não pode ser instalada em sua mente, um estudo provou que pode.

Em um estudo científico, que a própria Pepsi utilizou do resultado para um comercial, ofereceram Coca-Cola e Pepsi a pessoas com os olhos vendados, e a maioria (58%) escolheu o melhor sabor: Pepsi.

Essas mesmas pessoas beberam novamente, porém, agora com os rótulos e sem as vendas, e a maioria escolheu a Coca-Cola.

O mesmo exemplo é usado para os vinhos. Se é feito um teste cego, o melhor sabor nem sempre será o mais caro, porém, se colocarmos o rótulo e o preço, com certeza o mais gostoso será o mais caro.

Desculpe-me lhe falar, mas são crenças instaladas em você pela mídia, pelo marketing.

Será que Deus ajuda mesmo quem cedo madruga? Será que o trabalho realmente enobrece o homem?

Quem disse que Deus ajuda somente quem acorda cedo? Quem disse que temos que trabalhar para nos tornar nobres?

Quem disse que para sermos felizes temos que ser bem-sucedidos e termos dinheiro?

Pergunte a um vendedor hippie o que é felicidade para ele, e você se surpreenderá com a resposta!

A resposta de um foi: - "Vender R$ 50,00 em um dia, pois dá para fazer todas as refeições e ainda sobra algo para curtir".

Um pensamento inverso, mas com o mesmo conceito, é de um colega empresário, que, para ser feliz, precisa ter um carro da marca Mercedes, sem esse carro sente-se um fracassado.

Quando Donald Trump deixou de ser bilionário e voltou a ser "apenas" milionário, em 1996, também se sentiu fracassado e buscou com toda a sua força e garra voltar ao topo dos bilionários, é uma questão, novamente, de programação mental. Cada um tem a sua **percepção de felicidade**. Nenhuma mente é igual à outra.

"ACHO QUE TODO MUNDO DEVERIA FICAR RICO, FAMOSO E FAZER TUDO O QUE SEMPRE SONHOU E ENTÃO PERCEBERIAM QUE ISSO NÃO É A RESPOSTA."(JIM CARREY)

O que é mais fácil mudar, uma **crença** ou um **comportamento**?

Pense na resposta.

Com tudo o que escrevi até agora, o leitor pode ter pensado: um comportamento, claro. Crenças são enraizadas e "difíceis" de mudar.

Pergunto então: O que é mais fácil? Começar uma academia hoje (comportamento) ou crer piamente que começará um dia? (crença).

Novamente, aqui, estou lhe influenciando a pensar que pode alterar seu modo de pensar, suas emoções, sentimentos e ações. Recorda-se da teoria da influência? ESPIÃ. Funciona muito bem para alterar comportamentos negativos, se você quiser é claro.

Alguns exemplos de crenças que podem limitá-lo, por apenas acreditar em alguma delas:

"Nunca vou conseguir dinheiro suficiente";

"Não tenho dinheiro para nada";

"Só é possível ganhar dinheiro fazendo coisas erradas";

"Não tenho tempo para nada";

"Não sou bom o suficiente";

"Não sei tudo o que preciso";

"Não consigo aprender isso";

"Nunca vou conseguir alcançar meus objetivos ou realizar meus sonhos";

"Tudo precisa ser perfeito";

"Não consigo me organizar";

"Eu não mereço sucesso ou coisas boas";

"Não sei como resolver esse problema";

"Eu não posso";

"Eu não consigo";

"Eu não sei fazer isso";

"Sou muito velho para isso";

"É melhor dar do que receber";

"Sem trabalho duro não se consegue nada";

"Os outros precisam mudar para minha vida melhorar";

"Estou destinado a essa vida e a ser desse jeito porque essa é a situação da minha família e, por isso, é a minha";

"O mundo está em crise, e por isso tudo está muito difícil para mim";

"Não tenho jeito para isso";

"Não é possível viver do que se ama".

As crenças positivas são exatamente o oposto das negativas, fortalecendo as convicções positivas. Essas crenças se estabelecem como um ponto de apoio. Tornam-se uma convicção e geram um comportamento mental negativo ou positivo. Esse comportamento se estabelece de tal forma que se torna parte do seu contexto, e sem que você perceba vai minando suas potencialidades e recursos, e a falta desses recursos gera consequentemente a falência dos seus objetivos.

Os sentimentos que essas crenças geram são enraizados, trazendo grandes estímulos, e fazendo com que você acredite que não pode gerar resultado com aquela ação. Por exemplo "eu não consigo fazer isso", "eu não levo jeito para isso".

Você já parou para pensar o quanto tudo isso o influencia?

Com a PNL é possível trazer um novo significado para essas questões, e com essa nova visão de liberdade sem dúvida alcançar o resultado que quiser. É preciso que a mente esteja focada sempre no que se quer alcançar sem focar os pontos limitantes.

Você é o único responsável por seus resultados.

O princípio 90/10

O escritor norte-americano Stephen R. Covey afirma que apenas uma pequena parte dos acontecimentos de nossa vida depende das circunstâncias. Para ele, somos nós que decidimos o que vai acontecer conosco. Ele batizou essa ideia de "O princípio 90/10".

O que acontece é que não podemos controlar 10% das coisas que acontecem em nossa vida. Não podemos evitar que um celular quebre, influenciar o horário do nosso voo, ou controlar o vermelho de um semáforo. Mas podemos controlar a nossa reação a esses eventos. Os outros 90% são o resultado de nossas reações. O resultado de como nos comportamos em um momento de estresse que não podemos controlar, por exemplo.

Você está tomando café com seu filho. Ele sem querer derruba café na sua camisa. Você fica em pé imediatamente e grita com ele, dizendo que ele é um desastrado. Você fica bravo e vai para o quarto para mudar de roupa e, ao voltar, vê seu filho chorando. Ele nem acabou de tomar café e está atrasado para ir à escola.

Você sai de casa às pressas, como já está ficando muito atrasado, você começa a correr, infringindo algumas leis de trânsito. Ao chegar ao trabalho atrasado, você percebe que esqueceu alguns documentos importantes em casa. Seu dia começou de maneira horrível e continua igual. Você não vê a hora que ele acabe.

Qual o motivo de tudo isso?

Por que seu filho derramou o café acidentalmente?

Por que se atrasou e teve que fazer tudo corrido?

Por que havia trânsito e você chegou tarde no trabalho?

Por que você reagiu mal à primeira situação?

Obviamente, a resposta correta é a última. Com sua reação, você perdeu seu dia. Você não podia fazer nada em relação ao café derramado, mas podia ter controlado sua reação.

Vamos pensar em outro cenário: O café caiu na sua camisa. Seu filho estava prestes a chorar, mas você diz: "Calma, filho, não tem problema, só tente ter mais cuidado na próxima vez". Você vai ao quarto, troca de roupa e pega os documentos do trabalho. Volta para a cozinha e seu filho já está o esperando para sair.

Dois dias completamente diferentes, mas que começam iguais. Tudo é uma questão de como reagimos em relação aos acontecimentos da vida. Claro que você pode continuar culpando os outros pelas suas desgraças, ou mesmo reclamar de como a vida é injusta. Mas isso o ajuda a viver melhor?

Se alguém ultrapassá-lo no trânsito, deixe. Você não precisa competir. E daí se você chegar alguns minutos mais tarde ao trabalho? Lembre-se da regra 90/10 e não se preocupe com os pequenos problemas.

O voo atrasou e isso vai mudar completamente a sua programação. Não se desespere com os funcionários do aeroporto, eles não têm culpa. Use esse tempo para ler e estudar. Conheça outros passageiros e aprenda alguma coisa por meio da conversa.

Você não vai perder nada ao aplicar o princípio 90/10.

Acredite, você vai se surpreender com os resultados.

A PNL na vida profissional

Como usar tudo isso em minha vida profissional?

Antes de falar sobre o uso da PNL dentro das organizações (lembre-se que organizações são feitas de pessoas), vamos conhecer as principais pressuposições da PNL.

Pressuposições são princípios, filosofia de vida ou crenças enraizadas, nas quais acredita-se piamente como totalmente verdadeiras, e suas ações devem ser pautadas nessas 13 pressuposições da PNL, são elas:

1 - As pessoas respondem à sua experiência, não à realidade em si;

2 - Ter uma escolha ou opção é melhor do que não ter uma escolha ou opção;

3 - As pessoas fazem a melhor escolha que podem no momento;

4 - As pessoas funcionam perfeitamente;

5 - Todo comportamento possui intenção positiva;

6 - A mente inconsciente contrabalança a consciente, e não é maliciosa;

7 - O significado da comunicação não é simplesmente aquilo que você pretende, mas também a resposta que obtém;

8 - Já temos todos os recursos de que necessitamos ou então podemos criá-los;

9 - Mente e corpo formam um sistema. São expressões diferentes da mesma pessoa;

10 - Processamos todas as informações por meio de nossos sentidos;

11 - Modelar desempenhos bem-sucedidos leva à excelência.

12 - Todas as ações têm um propósito;

13 - Se quiser compreender, aja.

A PNL não é terapia e nem são técnicas, a PNL é uma linguagem, é a habilidade de **pensar** de maneira correta, lógica, de se comunicar e agir. A linguagem que a PNL ensina facilita a programação da sua mente, assim como funciona um computador.

"NO MUNDO ATUAL, NÃO BASTA SER INTELIGENTE, ESPERTO E PREPARADO PARA COMPETIR. É PRECISO TER CALMA, EMPATIA E PERSISTIR DIANTE DAS FRUSTRAÇÕES PARA CONSEGUIR VIVER BEM NO AMOR, SER FELIZ COM A FAMÍLIA E VENCER NO MERCADO DE TRABALHO." (DANIEL GOLEMAN)

Técnicas da PNL dentro de empresas

A PNL possui inúmeras técnicas, porém, neste livro, apresentaremos apenas três que podem contribuir para o ambiente empresarial, todas elas são usadas em treinamentos de PNL voltados a empresas desde 1981, quando a PNL foi introduzida no Brasil.

1 - O Metaespelho

O Metaespelho é um processo desenvolvido por Robert Dilts para explorar um relacionamento com outra pessoa. Essa técnica é melhor aplicada se feita em lugar silencioso e no qual se possa movimentar.

É necessário fazer quatro pontos no chão com pelo menos 50 centímetros de distância, chamaremos esses pontos de posição 1, 2, 3 e 4.

Após desenhar os pontos, pare, respire fundo, e comece escolhendo um relacionamento que deseja explorar ou melhorar, pense nesse relacionamento a partir de seu ponto de vista (primeiro ponto).

Pergunte-se:

- O que o torna difícil?

-O que está pensando e sentindo?

- Quais os comportamentos, sons, e imagens que vêm à sua mente?

A outra pessoa está dizendo algo? Qual a linguagem corporal da pessoa?

Agora deixe o ponto 1 e vá até o ponto 2, e coloque-se no lugar da pessoa com quem está falando ou tendo a discussão, e pergunte-se:

Como a outra pessoa me vê? Me escuta? Qual é sua linguagem corporal?

Como se vê neste relacionamento? Como se vê reagindo?

A outra pessoa possui alguma intenção positiva em suas ações? Quais?

Após esse passo, vá para a terceira posição. Nessa posição, imagine-se fora da situação das duas pessoas anteriores, como se fosse um conciliador, uma pessoa mais experiente e sábia.

Pergunte-se sobre as duas pessoas na antiga situação:

Que tipo de relacionamento você enxerga?

Que conselhos daria para a pessoa 1 e para a pessoa 2?

Quais pontos a serem melhorados?

Após informar todos os pontos, vá para a posição 4. Nesse quarto ponto imagine que tenha recebido todos os conselhos da posição 3 e os tenha colocado em prática. Quais foram agora seus resultados? Seus comportamentos? Sua fala? Posição? Olhar e sentimentos? Perceba todos os pontos positivos e resultados alcançados. Agora coloque tudo em prática e obtenha seus resultados desejados.

2 - Reuniões eficazes dentro das empresas

Essa técnica utiliza as posições do exercício anterior, porém, em outro cenário. Em uma reunião que virá a ter, que espera ser difícil e que deseja se sair muito bem. Use as mesmas técnicas anteriores, porém, coloque-se no lugar das pessoas importantes que participarão dessa reunião.

Ande pelas posições quanto for necessário, e faça perguntas que realmente importam, como o que está sentindo, como fará isso ou aquilo, qual a intenção positiva de todos, resultados desejados, até que esteja satisfeito com o possível resultado mentalizado.

3 - Estratégia da criatividade Disney

A estratégia Disney foi modelada por Robert Dilts com base em Walt Disney. É uma boa técnica para estimular pensamentos criativos e eficaz quando utilizada em equipe. Essa estratégia funciona muito bem para execução de um planejamento.

Para executar esse exercício, use três cadeiras próximas e identifique cada uma delas como "sonhador", outra como "realista" e a última como "crítico".

Ao colocar a pessoa na posição de sonhador, induza-a para criar pensamentos sobre criatividade, nessa posição ela terá que pensar em atitudes visionárias, lembrar de momentos em que foi extremamente criativa e fazer uma ponte até o futuro sobre essas ideias.

Após a fase sonhadora, criativa, solicite para que vá agora para a segunda cadeira, que é a do realista.

Questione sobre momentos em que ela pôs ações em operação de forma construtiva e que obteve ótimos resultados. Faça com que ela entre na posição do realista e reviva aqueles momentos, peça para organizar os planos nesse momento, avaliando o que é realmente possível, de forma construtiva, elaborando assim um plano de ação. Faça perguntas como: O que é possível fazer para colocar esse plano em prática? Como? Quando?

Após o término do plano mentalmente, solicite que vá para a última posição, a posição crítica. Essa posição é onde ela testará o plano, onde identificará problemas, dificuldades e consequências inesperadas. Pense no que pode dar errado, seja o mais crítico possível. Perguntas como: Como seria se fosse assim? Podem ajudar a estimular tais pensamentos. Essa última parte servirá para identificar possíveis críticas que deram certo e foram capazes de tornar um plano mais eficaz. Se for preciso, reviva alguns momentos onde tenha sido muito crítico e tenha dado certo para estimular tais pensamentos.

Execute todas as 3 fases repetidamente até que o plano todo tenha se formado, onde os 3 personagens estejam de acordo que dará certo. Essa técnica é excelente quando executada em equipe, pois pessoas possuem sempre alguma habilidade mais dominante como sonhadora, por exemplo, sonham tão grande que não são capazes de enxergar falhas óbvias, enfim, tal técnica ajuda a identificar perfis e trabalhar mentalmente com cada tipo de ideia voltada a resultados.

Obtenha resultados dentro de empresas com a PNL

Alguns resultados requerem mudanças, e para alcançar algumas mudanças a PNL usa quatro perguntas básicas:

1 - Em que direção estou indo?

2 - Por qual motivo estou indo?

3 - Como chegarei lá?

4 - E se algo der errado?

Mesmo quando se fala em organizações, estamos falando em pessoas que as compõem. Para estruturar os resultados dentro das empresas essas perguntas são fundamentais. Empresas que usam essas perguntas são mais realistas, motivam e alcançam melhores resultados com a PNL.

Exemplos de comunicação e perguntas que podem ser usadas dentro das empresas:

1 - Qual resultado deseja?

2 - Como saberá se está atingindo seu objetivo?

3 - Especifique onde, quando e com quem.

4 – Tem todos os recursos que precisa?

5 – Consegue manter o resultado após atingido?

6 – Quais serão as consequências?

7 – Esse resultado reflete o que em você?

8 – Como esse resultado se encaixa na organização?

9 – Após atingido, qual será o próximo passo?

Para a obtenção dos resultados, todos dentro da empresa precisam acreditar em três pontos sobre seus resultados. O'Connor cita os três mais importantes em seu livro sobre PNL.

- É possível alcançá-los.

- Você é capaz de alcançá-los.

- Você merece alcançá-los.

"POSSIBILIDADE, CAPACIDADE E MERECIMENTO SÃO AS TRÊS CHAVES PARA A REALIZAÇÃO DE ALGO." (JOSEPH O'CONNOR)

As cinco desculpas que acabam com seus sonhos:

- Não tenho sorte;

- Não tenho tempo;

- Não tenho dinheiro;

- Não tenho experiência;

- Amanhã eu faço.

Estudando os perfis de grandes empresários, é visível que esses pensamentos limitantes jamais passaram por sua mente.

A PNL ensina que temos que copiar esses pensamentos para atingir nossos objetivos financeiros. Podemos aprender pela experiência de outras pessoas bem-sucedidas ou podemos errar até acertar. A escolha é nossa.

Líderes e Chefes

Qual a diferença de um líder e de um chefe?

Um chefe é uma pessoa tradicional, não aberta a mudanças e que geralmente usa seu cargo como autoridade para conseguir um resultado.

Um chefe não escuta pessoas abaixo de seu cargo, somente as suas atitudes estão sempre corretas, nunca incentiva ou motiva, apenas dá ordens. Foca apenas no resultado e no lucro.

Um líder conduz pessoas, inspira, motiva, mostra a direção, e vai junto. Um líder não possui subordinados e sim equipe. Está sempre buscando aprimoramento, pois sabe que nada sabe. Está sempre aberto a aprender, desaprender e reaprender, ou seja, é o profissional do futuro.

Um líder tenta entender quem você é fora do mundo de trabalho, olha para suas habilidades e não para seus diplomas. Um líder o escuta sempre.

Em um futuro próximo, as habilidades técnicas serão superadas por robôs, porém, as habilidades de gestão de pessoas e habilidades emocionais, ou seja, **habilidades comportamentais**, ainda não têm previsão de quando serão substituídas por robôs. Estamos nos preparando? Você que está lendo este livro, sim.

Conclusão

A PNL é um grande guia para se tornar o profissional do futuro, ensinando **como** pensar, e não em que pensar.

Existe o manual do celular, o manual da TV e o manual do computador, entenda a PNL como o manual do seu cérebro.

As universidades e a sociedade em geral, hoje em dia, somente ensinam **em que** pensar e não **como** pensar. E é por isso que é fundamental entender e aprender sobre a PNL, sobre como sua mente entende e capta tudo a sua volta.

Vimos que essa linguagem de programação cerebral nos permite controlar o que nos influencia, nossos pensamentos, emoções, sentimentos, crenças e comportamentos, alterando todo o contexto de nossa vida.

"O SER HUMANO ANALFABETO DO FUTURO SERÁ AQUELE QUE NÃO SABERÁ APRENDER, DESAPRENDER E REAPRENDER." (ALVIN TOFFLER)

Estamos criando inteligência artificial, porém, não estamos criando consciência artificial. As previsões são que em 2050 um computador será tão inteligente quanto o homem, e na mesma proporção, em mais alguns anos, um único computador será tão inteligente quanto todos os seres humanos juntos. Se no futuro a consciência e os pensamentos comportamentais serão o que nos **diferencia** dos computadores e robôs, temos que começar **hoje** a desenvolver nossas habilidades comportamentais. Podemos instalar, ou "fazer download", em nossa mente, a qualquer momento, de softwares mentais, do mesmo modo como é feito no computador, o que você escolhe a partir de agora para instalar em você mesmo? Softwares positivos? (crenças, valores, comportamentos, emoções, sentimentos) ou softwares negativos? (crenças limitantes, pensamentos sabotadores). O que iremos nos deixar influenciar? A PNL responde a questão básica: "Como posso melhorar?". Existem pessoas com desempenhos extraordinários em diferentes áreas. Qual a diferença dessas pessoas para as pessoas medianas? A PNL investigou a resposta metamodelando essas pessoas excepcionais dotadas com desempenhos fantásticos, descobrindo como elas agiam, pensavam e atuavam. Quais eram suas crenças? Valores? De que maneira se portavam ou se comunicavam? Essas respostas serviram como base em sua criação. Em outras palavras, pode-se concluir que a PNL é mais uma ferramenta para a obtenção de resultados fantásticos.

A PNL o auxilia a obter excelentes resultados, para satisfazer seus objetivos, seja físico, emocional, mental ou espiritual. Totalmente voltada para o autoconhecimento e melhoria de resultados. Temos, neste livro, vários exemplos de como se tornar um ser humano melhor.

Se a partir de agora você pensar e agir diferente, ou se você absorveu apenas algumas palavras de conhecimento deste livro para enriquecer suas habilidades comportamentais e atingir algum objetivo em sua vida, minha missão aqui está cumprida. Gratidão ao universo por nossa vida.

Mesmo após o fim de nossa vida, há um novo começo. A mensagem que quero deixar é: sempre há uma nova chance de recomeçar.

Um novo começo, um recomeço.

REFERÊNCIAS

ANTUNES, Celso – Como transformar informações em conhecimento. Vozes, 2001.

BANDLER, Richard – Hora de mudar. Rocco, 2003.

BANDLER, Richard – Usando sua mente: as coisas que você não sabe que não sabe: programação Neurolinguística. Summus, 1987.

BANDLER, Richard – Ressignificando: programação Neurolinguística e a transformação do significado. Summus, 1986.

BURTON, Kate – Coaching com PNL para leigos. Alta Books Editora, 2012.

BUZAN, Tony – Mapas Mentais e sua elaboração. Cultrix, 2005.

COVEY, Stephen R.- Os 7 hábitos das pessoas altamente eficazes. BestSeller, 2009.

DAMÁSIO Antônio – E o cérebro criou o homem. Companhia das Letras, 2010.

DAMÁSIO, António – O erro de Descartes. Companhia das Letras, 1994.

DEAN, Jeremy - Making Habits, Breaking Habits: Why We Do Things, Why We Don't, and How to Make Any Change Stick. Da Capo Lifelong Books, 2013.

GARDNER, Howard – Inteligência, um conceito reformulado. Objetiva, 1999.

GOLEMAN, Daniel – Inteligência Emocional. Objetiva, 1995.

GOLEMAN, Daniel – Liderança: a Inteligência Emocional na formação de líderes de sucesso. Objetiva, 2015.

HALEY, Jay – Terapia não convencional. Summus Editorial, 1986.

HILL, Napoleon – A Lei do Triunfo. Jose Olympio, 2014.

KANDEL, Eric – Princípios de Neurociências. Artmed, 2014.

MURPHY, Joseph – A força do poder cósmico do subconsciente. Nova Era, 2003.

O'CONNOR, Joseph – Coaching com PNL, Qualitymark, 2008.

O'CONNOR, Joseph – Manual da Programação Neurolinguística, Qualitymark, 2003.

O'CONNOR, Joseph – Treinando com a PNL. Summus Editorial, 1994.

PERRAUDEAU, Michel – Estratégias de aprendizagem. Artmed, 2009.

RIBEIRO, Valter – Influências Externas e Internas. Site www.mentev2.com.br, em abril, 2019.

ROBBINS, Anthony – Poder sem limites: o caminho do sucesso pessoal pela programação Neurolinguística. BestSeller, 2007.

SATINOVER, Jeffrey – O Cérebro quântico. Aleph, 2007.

TURNER, Kelly - Remissão Radical - Sobrevivendo ao Câncer Contra Todas As Probabilidades. Nascente, 2014.

O ICEBERG

DA SUA

MENTE

Revisão: Editora Roda da Kika

Autor: Rodrigo Oleriano

Tel.: +55 12 99604-0636

https://linkedin.com/in/oleriano

oleriano@gmail.com

Made in the USA
Middletown, DE
08 November 2021

51042063R00083